Think

本书受上海高水平地方大学建设项目资助

中国演艺智库

构建与运营模式

薛诗怡◎著

Tank

上海交通大学出版社
SHANGHAI JIAO TONG UNIVERSITY PRESS

内容提要

演艺智库是由从事影视及舞台表演研究的精英、学者组成，提供演艺行业规划、运营培训、演艺团体咨询等服务，旨在整合社会各方研究力量关注文化艺术建设实践，为文化艺术改革与发展提供重要的理论支持和决策参考。

本书列举、分析国内外演艺智库案例；探讨在高科技赋能产业背景下建立可持续发展的演艺智库的新模式。建设中国演艺智库必须从建设环境、行业对中国演艺智库的需求、演艺智库发展路径、演艺智库提供的成果或产品的现状分析、演艺智库的支撑体系等方面入手，从宏观和微观两个层面提出中国特色艺术演艺智库体系建设意见，探索形成符合我国艺术决策咨询规律的演艺智库运行机制。

图书在版编目（CIP）数据

中国演艺智库构建与运营模式 / 薛诗怡著 . —上海：
上海交通大学出版社,2022.9
ISBN 978-7-313-27502-8

Ⅰ.①中… Ⅱ.①薛… Ⅲ.①表演艺术－文化市场－
市场管理－研究－中国 Ⅳ.①G124

中国版本图书馆CIP数据核字（2022）第190382号

中国演艺智库构建与运营模式
ZHONGGUO YANYI ZHIKU GOUJIAN YU YUNYING MOSHI

著　者：薛诗怡				
出版发行：上海交通大学出版社		地　址：上海市番禺路951号		
邮政编码：200030		电　话：021-64071208		
印　制：上海文浩包装科技有限公司		经　销：全国新华书店		
开　本：880mm×1230mm　1/32		印　张：9.25		
字　数：183千字				
版　次：2022年9月第1版		印　次：2022年9月第1次印刷		
书　号：ISBN 978-7-313-27502-8				
定　价：49.00元				

前　言

　　智库是一个国家软实力的重要组成部分。目前,中国无论是学术界还是业界都认识到智库对于国家战略、行业决策、社会发展有着重要作用。中国特色新型智库建设迎来了前所未有的黄金发展期。在此背景下,本书以"中国演艺智库构建与运营模式创新研究"为题,具有一定理论意义与现实意义。

　　首先,本书对国内外智库的研究成果,以及国内外具有演艺智库功能的艺术机构进行了全面梳理,归纳总结演艺智库发展的历史沿革及其发展规律。通过对200多位艺术行业从业者、管理者、研究者等相关人员的问卷调查和半结构性访谈的实证研究,探索了目前中国演艺智库的实际发展状况与特征。其次,从跨学科的理论视角出发,运用产业经济学理论分析了演艺产业链的带动效应,以及运用管理学、社会学相关方法从目前演艺产业面临的困境分析切入,论述了中国演艺智库特征及中国演艺智库产生的历史必然性。同时,从与演艺智库相关的国外艺术基金会和非营利组织的典型案例中,梳理柏林歌剧院基金会、美国剧院顾问协会、美国国家艺术基金、英国艺术理事会等在运营管理、资金筹集、内部组织架构及运营理念，提出演艺智库既要从其他组织借鉴和移植成功经验，又要突出中国演艺智库特色的发展思路。在此基础上，分析未来演艺智库多模式运作的可能性。再次，从演艺智库大数据平台、人才选拔、决策咨询、评估、成果推广、资金筹措、资源整合等方面创新性地提出中国演艺智库的组织构架和基本构想，并提出中国演艺智库构建与运营模式。最后，在适应时代发展要求的前提下，分析了多样态的演艺智库发展模式，提出未来建设中国特色演艺智库的对策。

总之，国内外对演艺智库运营模式研究还较为罕见，中国演艺智库的发展处于起步阶段，其运营模式和发展方向尚需进一步深入探索和深入研究。

目　录

第一章　　绪　论

一、研究背景和研究意义

（一）研究背景

1. 全球智库发展的态势

智库是思想库,也是以公共政策为主的研究机构,已影响政治、社会、经济生活的各个方面,增强中国新型智库建设已经成为推进国家治理系统与治理能力现代化的重要举措。智库(Think Tank)作为以政策研究为主业、以影响公共决策为目标,生产新知识、新思维、新观点、新理论的"思想工厂",其竞争力在一定程度上取决于是否拥有一个相对稳定的优秀人才团队,以及人才在选拔、配备、使用、考核、培训等环节是否科学与合理[1]。在西方,智库可以是公共或私人机构,不少智库以非营利为其导向,但也有一些私人智库则以营利为目的。智库可以作为大型机构的子机构,也可以在机构内实现自治,其自治权取决于资金来源。智库从经营性质上根据不同资助主体可以大致划分为五类:第一类是盈利为主,以公司形式运营,自负盈亏;第二类是自治且独立,可以是非政府组织,主要由来自社会的各类机构捐助;第三类是准独立机构,资金主要来自一个资助方;第四类是附属于大学的研究机构;第五类是附属于政党的机构,可以是政府直接资助或是从

1　朱敏.新型智库人才培养创新管理研究[J].管理世界研究,2016(3):178-179.

属于政党内部的智库机构[1]。

截至2011年,美国有1 777个智库,有374个集中在华盛顿特区,其余的分散在50个州[2],这些智库关注政治体制及政党影响力。可以看出,智库的分布和其所属性质以及当地经济文化环境的发展也有一定联系。由美国宾夕法尼亚大学"智库研究项目"研究编写的《全球智库报告2018》显示,世界拥有智库机构数量居前三位的国家:美国(1 871家),印度(509家),中国(507家)[3]。目前,中国演艺行业也通过和全球演艺同行的对话,建立了合作及资源共享机制,比如国家大剧院的全球剧院论坛,并成立了"世界剧院联盟",中国国家大剧院、日本新国立剧场、英国皇家歌剧院、西班牙马德里皇家歌剧院、美国卡内基音乐厅、澳大利亚阿德莱德艺术中心等来自17个国家和地区的24家表演艺术机构成为联盟创始成员[4]。演艺智库通过和国外艺术团体及研究机构建立合作,掌握演艺国外演艺行业发展前沿动态,有利于开展国内外艺术机构的协作,发挥各自资源优势,进一步拓展合作范围。

2. 中国发展呼唤新型智库

在中华民族伟大复兴、社会主义文化强国建设以及构建人类

---

1 Andrew Rich, Janes McGann and etc, Think Thanks in Policy Making-Do They Matter?[J]. Friedrich Ebert Stiftung, Sept. 2011, p10.

2 Andrew Rich, Janes McGann and etc, Think Thanks in Policy Making-Do They Matter?[J]. Friedrich Ebert Stiftung, Sept. 2011, p12.

3 《全球智库报告2018》出炉 中国智库数量世界第三[EB|OL]. 2019-02-01.

4 国家大剧院主办世界剧院论坛[EB|OL]. 参考消息网, 2020-9-23. https://www.sohu.com/a/420257216_114911

命运共同体的新时代背景下,文化的基础性和战略性作用比历史上任何时期都更加重要。习近平总书记在亚洲文明对话大会上讲到,"应对共同挑战、迈向美好未来,既需要经济科技力量,也需要文化文明力量""我们要加强与世界上不同国家、不同民族、不同文化的交流互鉴,夯实共建亚洲命运共同体、人类命运共同体的人文基础"。文化不仅能满足中国人民对美好生活向往的需要,也是与世界各国人民相互沟通交流的主要内容,而且关系到民众的精神信仰、道德情操和审美情趣,与政治、意识形态、经济、社会等方面有着紧密联系。中国文化建设与文化治理还面临着艰巨的战略任务和复杂的社会难题。积极推进中国特色文化艺术智库建设,是实现国家文化治理体系和治理能力现代化的必然路径[1]。可见,国家对文艺事业高度重视,出台一系列措施促进文艺事业的发展。

2015年1月,中共中央办公厅、国务院办公厅联合颁布了新型智库建设的纲领性文件,即《关于加强中国特色新型智库建设的意见》。该文件致力于促进及完善中国新型智库建设,建立健全公共决策咨询制度。这已经成为中国特色新型智库建设的巨大推动力,各行各业将会出现国家治理系统与治理能力现代化的智库机构。如何让智库发挥作用,如何形成政府政策开放带动、参政议政的高端人才聚集推动产业链发展。

---

1 韩顺法,李向民.中国特色文化艺术智库的使命与任务[N].中国社会科学学报,2019-09-19(2).

《关于加强中国特色新型智库建设的意见》提出探索建立政府主导、社会力量参与的决策咨询服务供给体系,稳步推进提供服务主体多元化和提供方式多样化,满足政府部门多层次、多方面的决策需求[1]。据2016年全球智库报告显示,尽管近年来中国智库发展非常迅速,新型智库建设取得了初步的成绩。到2018年末,中国智库总数达到507家,已成为全球第二智库大国[2]。目前,中国面临着新机遇、新趋势、新挑战,亟须新型智库为政府、行业提供科学性与前瞻性的智力支撑。

总之,近年来,中国智库建设成为政府、行业关注的热点。中国新型智库人才队伍建设步伐加快、成效明显、趋势看好,但与新时代智库发展和党中央提出的高端智库建设的要求相比,中国智库在发展过程中仍然存在许多问题。智库人才的创新管理与培养,是制约中国智库发展的重要因素,总体上仍呈现"不够用、不管用、不适用"的格局,仍普遍存在"有人手的多、有人物的少,书生意气的多、能接地气的少,发现问题的多、破解问题的少,注重成果的多、注重效果的少"等现象,培养造就一大批合格智库人才已迫在眉睫[3]。中国智库可从智库人才管理及培养入手,做到以人为本,发挥智库人才队伍的最大潜能,进而推动智库发展。

1　中共中央办公厅、国务院办公厅印发《关于加强中国特色新型智库建设的意见》[EB/OL].中央政府门户网站,www.gov.cn,2015-01-20.

2　孙涛.美国智库人才队伍建设经验及启示[J].青岛行政学院学报,2019(3):63-67.

3　周湘智. 加紧培养中国特色新型智库合格人才[N].湖南日报,2018-04-24.

3. 演艺行业发展需要智库引领

演艺行业的蓬勃发展能带动旅游业、服务业以及创意产业的发展，发挥其经济效益的同时，能满足人民日益增长的精神需求。演艺产业已成为发展文化产业的重要环节，在促进文化传承、创新艺术发展、丰富大众文化生活方面发挥着重要的作用；作为承载文明发展进步的重要载体、表演艺术展示的场所、人民欣赏艺术的空间、城市文化的重要名片应当持续发挥艺术引领作用。据文化和旅游部公布的统计数据显示，2017年全国剧院数量达 2 455 个。演艺产业伴随着大众传播和媒介技术如电影、音像、印刷、广播等媒介的出现及普及发展壮大[1]。文化艺术行业呈现出艺术与科技的、演艺与金融、演艺与旅游的融合发展的新趋势。但是，规模的增长掩盖不住各种潜伏问题的困境：资源与市场布局失衡；投入与产出不对等；商业模式与消费者的脱节，行业规范与监督缺失；政策、资本、人才、硬件设施等产业链要素设置的错位，以及演艺产业普遍存在的"演艺产品缺乏创新性，演艺市场管理混乱，缺乏有效的营销机制"等问题，严重制约着其发展。同时，目前由于新冠疫情的影响下，国内外局势都发生了巨大变化，全球都面临着各种生存与发展的挑战，演艺行业正面临各种挑战，亟须演艺智库支撑其发展。智库既以一种研究公共政策为主的"思想库"，也是为演艺产业健康发展提供专业咨询的"智囊

1　Justin O'Connor The Cultural and creative industries: a literature review［J］. Nov.2010 p11.

团"。智库将个别智慧凝集为有组织的智慧集体,为政府与行业提供管理咨询等。演艺行业呼唤着演艺智库诞生,中国特色新型演艺智库建设面临着前所未有的历史机遇,也迎来了最好的黄金发展时期。

因此,能否通过建立演艺智库的路径促进中国演艺产业协同创新发展,促进相关政策的出台和落实值得学界、业界思考。

4. 大数据时代的来临,呼唤着演艺智库平台的构建

随着互联网时代计算机技术的普及与发展,互联网、云计算、大数据、物联网等技术手段出现,产生了海量的、新的信息流,乃至信息的海洋。当这些数据库系统相互之间互联互通,数据分析和技术的更新使得更大规模数据分析成为可能,一种新的"知识基础设备"产生了,即"大数据"时代来临了[1]。以数据流引领技术流、物质流、资金流、人才流,将深刻影响社会分工协作的组织模式,促进生产组织方式的集约和创新[2]。大数据推动社会生产要素的网络化共享、集约化整合、协作化开发及高效化利用,改变了传统的生产方式和经济运行机制,可显著提升经济运行水平和效率。大数据持续激发商业模式创新,不断催生新业态,已成为互联网等新兴领域促进业务创新增值、提升企业核心价值的重要驱动力[3]。而在传统的社会科学研究中,无论怎样精巧设计,通过抽

1　Bollie R. D. The Promise and Peril of Big Data[M]. Washington, DC: The Aspen Institute, 2010: 1.

2　谢邦昌. 放眼大数据[J].中国统计,2018(1): 9-10.

3　促进大数据发展 推动智慧城市建设建设科技[J].建设科技,2015(17): 19.

样得到的分析结果都无法达到全样本分析结果的准确度,凸显出全样本分析的优势,同时又保留传统研究的严谨性。因此,运用大数据研究中的数据获取手段,将成为智库提升研究结果准确度和科学性的有效方案。然而,演艺行业在数字化进程方面的发展还十分缓慢。由于不少人认为艺术需要情感投入,用数字量化人的情感还是一个未知领域,演艺行业的消费者流量的确不容易达到其他一些行业的流量高度,但演艺产品除了引领和提高公众对美的认知,另一个重要功能就是丰富人民群众的业余生活,其旨在通过艺术来丰富社区及城市文化生活,在人们的精神文化生活中占有不可替代的重要作用。

因此,大数据平台的搭建不能囿于艺术领域,还应积极开拓其在科技领域的发展,摆脱传统的研究方式,进行大数据平台搭建,进一步促进演艺智库的发展,把数据变成生产力、创新力,以预测未来演艺市场发展,以及进行有针对性的艺术生产与营销,通过数字营销,精准定位客户群体,为艺术生产和艺术消费创造价值。2015年,国务院发布的《促进大数据发展行动纲要》指出:大数据是以容量大、类型多、存取速度快、应用价值高为主要特征的数据集合,正快速发展为对数量巨大、来源分散、格式多样的数据进行采集、存储和关联分析,从中发现新知识、创造新价值、提升新能力的新一代信息技术和服务业态[1]。建立大数据演艺

1　国务院.促进大数据发展行动纲要 [EB|OL].人民数据 http://www.peopledata.com.cn/html/NEWS/POLICY/12.html,2015-8-31.

智库平台的任务也就被提出来了。

在这样的背景之下，2016年，为了顺应社会历史的发展，文化和旅游部文化科技司编制了"文化艺术智库体系建设工程"并获得立项。北京、浙江、贵州等地都召开了文化艺术智库建设专题会议，在国家和地方构建层次分明、各具特色的引智、生智、用智的艺术智库体系[1]，此举措以各级艺术研究院所建设为起步，一是支持地方艺术院所建设；二是从基层和行业智库探索，形成文化行业智库体系，发挥各级智库的作用。以服务文化艺术建设为引导，更好发挥各类智库的决策咨询作用，推动研究成果转化，培养演艺高级管理人才。

中国大部分智库附属于研究院和高校，比如中国社会科学院现有研究所31个，研究中心45个，含二、三级学科近300个，其中重点学科120个[2]。对于演艺智库而言，大学的艺术类学科及各省的艺术研究院承担了大部分艺术类的课题及科研工作，但是对于演艺产业的咨询服务，除了一些传媒公司及经纪公司扮演一些对接资源和培养演艺人才的项目外，目前对于演艺场所的前期规划、对策建议、运营管理的咨询类智库仍然稀缺。

虽然，艺术领域有中国文化艺术发展智库高端峰会召开，但这一智库的关注点是中国书画领域，与演艺产业的关注点是完

---

1 祝婷兰.文化艺术智库论坛开讲［EB|OL］. http://www.hangzhou.gov.cn/art/2016/12/3/art_812262_3898481.html

2 中国社会科学院概况、历史沿革［EB|OL］. http://cass.cssn.cn/gaikuang/

全不同的领域。道略演艺是国内目前做得比较有知名度并以市场化运营为主的演艺智库,通过每年出演艺报告,跟踪并发布演艺产业动态赢得了较多关注度,但其主要经营业务关注旅游演艺领域。与此同时,2018年,中国剧院发展研究中心在这一背景下应运而生,中国特色新型演艺智库建设面临着前所未有的历史机遇。演艺智库在东部的沿海城市活跃度较高,如北京、上海、广州等地演艺行业发展较好,中部地区相对较为薄弱,西部地区较弱,演艺智库可以在东部、中部、西部地区根据地区不同特色以及演艺产业发展定位,形成演艺智库在全国各地区间协作的网络。除了在国内开展演艺智库合作网络,跨境建立的全球演艺智库合作网络也是未来发展趋势。

虽然国家对文艺事业高度重视,出台了一系列促进文艺事业发展的举措,但对演艺智库的支持力度仍然很有限,演艺行业的专项政策少之又少,随着演艺行业的发展,其政策研究的需求正在日益凸显,时代召唤着演艺智库的出现。艺术交易所对整合艺术资源,推进文化艺术具有行业引导性的政策出台,搭建研讨与交流平台,已成为破解演艺智库发展的钥匙。因此,对演艺智库研究的意义是不言而喻的。

基于这样的思考,笔者通过对中国学术期刊全文数据库、万方学位论文数据库、中国博士论文数据库、国际会议论文数据库、谷歌学者等国外期刊数据库查询,发现目前对演艺智库的研究还较为罕见。在收集整理了演艺智库的国内外研究综述的基础上,探究国内外演艺智库发展可借鉴的模式,以及其组织构建与运营作为研究主要内容,并且,论述了未来演艺智库的市场化发展,演艺智库大数据平台构建等。同时,演艺智库的创建需要大量优秀人才,其人才培养是关键动力和根本保障。演艺智库人才培养涉及人才现状、人才培养要求、人才培养对策等方面,本书也聚焦如何培养演艺智库人才,提出演艺智库人才应具备哪些能力及素质。演艺智库是专业性智库,研究发现目前学术界对演艺智库的研究还比较鲜见,建设演艺智库对演艺产业的发展理论意义与现实意义也就显而易见了。因此,研究中国新型演艺智库的建设与发展,如何搭建演艺政策研究平台是必须面对的紧迫任务。

(二)研究意义

1. 有利于提供政策与行业决策的科学依据与预测

由于演艺智库研究成果具有权威性和针对性特征,在实践层面,为演艺机构发展提供科学指引及专业咨询;在理论层面,为演艺产业发展、管理提供学术引领。

第一,目前,学术机构以及统计部门,对中国演艺机构的调研有限,数据不全且相对陈旧。因此,演艺智库可以协同文化艺术相关部门将承担对演艺机构全国范围内的调研,通过对全国演艺机构普查、调研,收集演艺机构基础数据资料分析,基于调研的数据,撰写调查报告,发布演艺产业发展动态。

第二,总结借鉴国内外演艺智库的理论与实践,开展国内外研讨会等形式开发与拓展演艺专家资源,定期更新专家或研究机构的研究成果,对开展的论坛和会议制定议题和讨论框架,用新理念、新方法、新视角为演艺智库的学者提供选题。

第三，为产业、政府部门提供咨询服务。分析典型案例，为演艺机构制定新型发展模式和战略定位方案。为演艺机构的"建、管、用"等方面提供建设规划、经营管理培训，为剧目制作、分析、评价等环节提供智力支持。

因此，中国演艺智库通过科学决策依据与建议，可以引领演艺产业创新方向，用科学理念、科学管理方法及机制推动中国文艺事业发展进步。

2. 有利于整合中国演艺产业资源

通过演艺智库平台组织和协调，把各个单位、部门彼此相关但又彼此分离的职能整合为一个系统，打破相互封闭、自成体系的格局，形成演艺机构人、财、物资源的共享机制，取得整体大于部分之和的效率。即演艺智库可以通过网络平台从纵向和横向整合资源，纵向可以触及基层单位和政府部门；横向整合国内、国际上的资源，从而整合业界、学界、政府资源。演艺智库还可以通过共享平台将分散的演艺机构联系起来，可以进行协同创新，联合攻关，产生聚合反应，获得高水平的创新成果与高效的管理效应，从而，减少人财物的浪费，形成出精品、优运行、增效益的合力。

各类演艺资源是演艺产业发展的基础要素条件，演艺智库具有有效整合、优化和提升演艺资源要素的功能。中国拥有丰富的历史文化资源以及当代艺术资源。当前，虽然中国文化行政部门以及各文化事业单位做了大量和艺术资源有关的梳理及保护工作,但是还有大量资源散落于各地民间,需要进一步的发掘和管理。现有的演艺资源还存在着"哪些需重点保护,哪些需亟待开发,哪些需弘扬、展示,以及哪些需创造性开发和创新性转化"等基础性分析和系统性研究不足的问题。对此,不同类型的演艺智库要发挥自身优势,对演艺产业资源的发掘、整理、保护和利用提供建设性意见,建立与自身研究领域相关的文化资源基础数据库。这不仅有利于文化资源的保护,也是演艺智库从事决策咨询的参考资料。

当前,中国正处于深化文化体制改革的关键时期,文化事业与文化产业融合不断加深,相关政策法规还需要进一步完善、制度创新不足,加之,国家财政对公共文化服务的投入力度加大,如何能平衡演艺市场资源配置,都是亟待演艺智库解决的问题。演艺产业涉及的面较广,涉及文化产业与文化事业、旅游业、休闲业和制造业等,演艺智库可以针对演艺资源的各要素进行调研、咨询、制定与评估。中国文化产业的规模不断扩大,逐渐成为国民经济支柱性产业,但仍面临着社会效益低、主流价值观不突出、企业规模小以及"走出去"效果不佳等问题。比如,中国旅游演艺发展速度快,但当前也遇到了转型升级与高质量发展的难题,存在节目样式趋同化、文化内涵低、管理不规范以及文化与旅游融合发展度较低等问题。

因此,演艺智库应积极参与文化产业、旅游业和文化事业相关政策法规的制定,通过前期调研、政策咨询与后期评估,为国家文化行政部门提供更多有价值的决策参考。

3. 有利于培育一批中国演艺管理人才队伍

2000年以来，全国各地掀起了演艺发展热潮，演艺机构的硬件设施不断完善，但软件发展远远落后于硬件。中共中央办公厅、国务院办公厅印发了《关于深化国有文艺院团改革的意见》强调了国有院团人才激励机制，这对演艺机构的管理人员提出了更高要求，目前中国演艺人才现状是："总量不足，结构失衡，人才能力不强，特别是领军人物和高层次的经营管理人才严重不足。"这已成为制约演艺产业发展乃至演艺产业升级的瓶颈[1]。且演艺产业管理实践性较强，高校培养的艺术专业刚毕业的学生也很难挑起管理的重任；而仅仅依靠从经验出发，如师傅带徒弟的方式，已经跟不上现代化演艺产业发展的需求。而智库天然赋有吸引人才、培养人才、合作交流的功能。因此，中国演艺智库也应承担起演艺机构管理咨询、教育培训的重任，为中国演艺机构管理、研究、经营等方面培育一批急需人才。在公共文化舆论空间内，演艺智库人员还可以发挥自身的专业优势和专家身份的权威性，主动影响公共舆论走向，起到用文化引领社会发展，塑造社会正气的效果。

因此，通过探索中国演艺智库对剧院管理的调研，可以得到演艺机构发展的一手数据。提出整合演艺机构资源、解决剧院困局的针对性方案。

---

1 郑荣健.剧院管理什么最缺？人才！［EB/OL］. http://www.ctaa.org.cn/a/12/0327/11/RKE571YRKE571YRKE.html

4. 有利于推进演艺大数据建设及演艺消费的评估与分析

演艺消费既是演艺产品价值实现的方式,也是观众的体验过程。在宏观上,文化消费状况是反映文化经济景气与否的晴雨表;在微观上,演艺消费作为文化消费的一个重要组成部分,决定着演艺市场的发展方向。另外,演艺消费还是一项社会文化活动,属于精神性消费,反映着当代社会广大消费者的消费口味和价值倾向,能促进演艺产业的创新。同时,观演本身会反过来影响观众的审美意识、价值观念和生活习性。在互联网信息技术的支撑下,凭借大范围演艺消费数据的获取来建立演艺消费大数据,能清晰把握演艺市场的动向。因此,为了更好地认识、观察社会心理和社会文化变迁以及了解演艺产业运行情况,对演艺消费进行监测、分析和评估变得非常必要,是演艺智库最值得关注的焦点问题之一。

5. 有利于演艺行业发展的议程设置与舆论引导

对中国来说,只有那些符合国家先进文化发展方向,代表社会主义核心价值观,体现中华优秀传统文化,具有文化引领性的艺术家和文化产品才能得到更好地推广及弘扬。公共权力的执行与实现,不是某个机构或个人独自的决定,而是要有一定数量的公共机构参与其中。演艺智库当然是必选。它们在表演艺术发展的议题上有更强的专业判断能力,能够在哪些领域以及何种文化艺术需要重点传播方面提供建议,演艺智库可以在文艺作品创作之初就给予前期引导和指导。另外,演艺智库可以为中国优秀作品"走出去"提供专业指导,因各国文化产品和艺术作品都面临着国内和国外的两种评价，中国的文艺作品要走出国门，还需要评价从跨文化传播层面给予认定、阐释，以及提升话语权的策略。在审美倾向和文化背景不同的语境下，同一个文艺作品可能有着完全不同的评价结果。评价差异的背后反映的是审美权自主性的确立。审美权取决于阐释权，阐释权取决于话语权，它们是关系国家文化安全以及国家文化软实力的重大命题。作为专业性智库，演艺智库应该全方位介入文化艺术的评价和认定，用自身专业性视野以客观的方式向国内外进行公共阐释，阐述本土的价值主张和应有权利；通过智库的民间交流方式，为国家争取获得更大话语权和文化影响力。

文化外交的开展与文明互鉴。文化外交表现为主权国家有针对性地对外展示、传播自身的文明成果和发展理念，属于一种跨文化的沟通与交流，已经成为各国人民之间相互了解、相互沟通以及建立信任、建立友谊的重要方式。文化外交需要专门的交流平台和组织机构，也需要特定的文化交流内容。对此，应优先选取能够代表国家优秀传统文化精神、反映国家精神风貌、展示国家形象的文化艺术作品。因此，演艺智库作为了解国内外演艺市场运作的机构，可以作为优秀的中国作品"走出去"及引进优秀的国外作品的平台。作为一项系统性的对外文化交流活动，文化外交绝不是单个政府部门就能够轻易完成的，它需要社会多方面力量的共同参与。其中，演艺智库的角色不可或缺。行使文化外交职能是演艺智库的一项基本职责，可在文化项目选择、基础性调研、后续效果评价、理论阐释、相关政策和方法路径等方面深度参与并提供专业建议。

总而言之,演艺智库是以文化艺术及其发展规律为基础,以关注社会现实及文化艺术与社会群体、经济发展、政治活动互动关系为重点,以提出符合社会演进规律的文化艺术政策为目的的智力性、专业性研究机构。中国特色文化艺术智库应以推动中国与世界各国的文化繁荣和交流为己任,坚持中华文化立场,展示当代中国人的精神面貌和中国特色社会主义文化,承担时代赋予的历史使命。

当前,中国文化艺术智库处于起步发展阶段,如何建设中国特色文化艺术智库以及怎样使其介入国家的文化治理体系依然是当下亟待解决的难题。追本溯源,解决该问题的前提是把握国家文化发展的战略目标和基本要求,以问题、任务为导向,寻求确立演艺智库建设的根本旨意和介入路径。因此,政府、学界、业界在演艺智库的建设方面应给予足够的关注。但真正能发挥智力支撑作用的演艺智库还有很长的路要走。

二、研究内容与框架

本书的研究由九个部分构成,研究内容如下:

第一章 绪论。主要讨论了研究背景和研究意义,研究内容与框架,以及研究方法,形成了本项研究的思路与框架。

第二章 演艺智库研究综述。梳理了智库的产生、发展及特征,从国内外文献分析出发,首先,对智库与演艺行业进行了界定；其次，提出了中国演艺智库的概念，论述了中国演艺智库的特征与功能，并总结演艺智库的研究现状。

第三章　演艺产业链的带动效应。界定了演艺产业链界定与特征；论述了产业经济学视角下演艺产业带动效应：演艺产业的回顾效应；演艺产业的旁侧效应；演艺产业的前向效应；并分析了演艺产业发展存在的问题。

第四章　中国演艺智库构建与运营模式实证研究。首先对被调查者的人口统计学进行了分析；其次，对中国演艺智库构建与运营的外部环境；演艺行业对中国演艺智库需求；演艺智库发展路径；演艺智库提供产品特征；演艺智库的支撑体系等中国演艺智库构建与运营模式创新内容进行了调研，并在调研数据分析的基础上得出了结论。

第五章　中国演艺智库发展的基础。文化艺术智库的研究现状；艺术高校为演艺智库产生与人才培养提供了前提；演艺行业智库发端；中国演艺智库的特征；演艺智库发展现状与趋势部分。对艺术研究机构、高校艺术智库、演艺行业演艺智库发展现状进行了分析，并对演艺智库发展现存的问题进行了深入分析，提出了演艺智库发展趋势。

第六章　国内外演艺智库案例分析与借鉴。以德国柏林歌剧院基金会、美国国家艺术基金、英国艺术理事会等国外具有演艺智库功能的艺术管理机构为例，总结与分析了国内外的成功经验，提出了中国演艺智库对其经验与操作框架的借鉴与参考。

第七章　中国演艺智库组织构建与运营机制创新研究。对中国演艺智库组织构建与运营机制创新进行了研究。对演艺智库界定与作用、演艺智库组织构建、演艺智库机制运营构建等方面进行了探索。

第八章　未来演艺智库多模式运作研究。 在此部分探索了未来演艺智库多模式运作的可能性。在分析智库发展背景，界定演艺智库特征，并在借鉴国内外优秀智库、演艺咨询机构设置、运作流程经验的基础上，提出了未来演艺智库市场化运营三种模式：为政府提供决策咨询模式、专业咨询服务盈利模式、会员制服务盈利模式及其对策。

第九章　演艺智库大数据平台构建研究。 从演艺大数据界定与特征，以及演艺行业运用大数据的优势分析出发，提出了顶层设计、演艺智库门户模块构建、科研管理，协同、辅助模块构建和大数据管理模块构建的演艺智库平台创建路径。这将为建成多元化、优势互补和深度融合的互联网的新型演艺智库平台提供一定的参考依据。

第十章　演艺智库人才能力与素质要求及培养。 高端演艺智库的核心要素是人才。此部分着重研究分析了演艺人才培养面临的困难与挑战，提出演艺智库人才培养能力与素质要求及培养对策，从理论及实操层面为演艺智库人才培养提供发展思路与操作框架。

第十一章　中国演艺智库发展对策。 在理论与案例研究的基础上，对本项研究所形成的相关结论进行归纳与总结，提炼研究的创新点，针对性地提出了中国演艺智库发展对策：出台相关政策促进演艺智库发展；形成多方演艺智库人才培养模式；深化文化艺术智库机制改革；构建科学演艺智库体系；建立演艺智库联盟。在此基础上，分析了本项研究存在的局限性和问题，并提出本项研究值得进一步探讨的问题。

本项研究的技术路线如下：

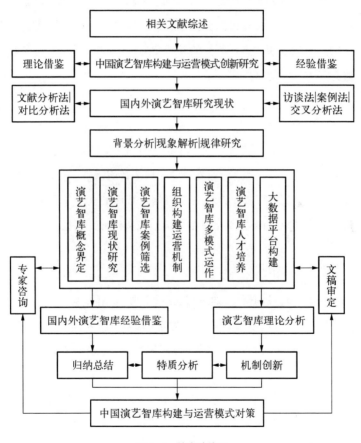

图 1-1 技术路线图

三、研究方法

（一）文献研究法

通过对国内外数据库、艺术机构网站、智库网站等进行全面、系统地查阅、梳理出研究时所需要的相关资料，为中国演艺智库构建与运营模式的理论提供参考依据；同时，掌握了中国演艺智库构建与运营模式方面研究的发展动态，积累相关理论，确保本研究深入性与创新性。

（二）问卷法

在文献研究的基础上进行问卷设计，本次问卷调查包括中国演艺智库建设环境因素；业界对中国演艺智库需求；艺术智库发展现状；演艺智库提供产品现状与演艺智库的支撑体系的重要程度与感受性做调查，为后续的对策研究提供参考依据。

（三）访谈法

在第二阶段调研中，通过与北京、上海、云南等地专家与学者面对面或电话访谈，较为深入地收集了现阶段演艺行业的发展现状与演艺智库等相关问题的数据，探索了中国演艺智库构建的重点与现存问题。

（四）案例研究法

本项研究对演艺智库进行资料搜集和整理，选取了具有示范效应的德国柏林歌剧院基金会以及对美国、英国具有演艺智库功能的代表性机构进行分析研究,通过对具体案例的特征总结、比较,将具体案例所反映出特殊性置于整体之中,为宏观的论述提供具体的案例支撑。并总结归纳了可借鉴的经验与理论,为该项理论研究和对策提供参考依据。

(五)对比分析法

本文所用的对比分析法,是将中国的艺术研究机构与国外的演艺智库进行对比研究。归纳、概括其特点,分析其中的同异,进而从中抽象出中国演艺智库可以借鉴的经验与理论。

(六)学科交叉法

本项研究主要涉及艺术管理、管理学、市场学、传播学、心理学、社会学等学科,用多学科交叉融合的方式收集、整理了相关国内外和艺术管理及智库相关的理论与案例,全面、综合地对选题进行研究。

第二章 —— 演艺智库研究综述

一、演艺智库的产生与发展

智库最早兴起于一战时期，二战之后发展迅速，而智库这一术语出现于二战时期的美国，用以指称当时军事人员和文职专家聚集在一起制定战争计划及其他军事战略的安宁环境[1]。

（一）智库产生与发展

20世纪初，智库（Think Tanks）在英国、美国和德国诞生，作为对经济和国家安全新出现问题的一种反应。1907年，在玛格丽特·奥利维亚·赛奇（Sage, Margaret Olivia）的主导下成立了罗素赛奇基金会（Russell Sage Foundation），旨在"改善美国的社会和生活条件"。这一基金会致力于加强社会科学方法，数据和理论核心的研究，以便更好地理解社会问题并制定对策。该基金会有访问学者计划，并支持旨在培养新一代社会科学家的计划。费边社（Fabian Society）是英国最古老的政治智囊团，该协会成立于1884年，已有130多年的历史，在发展政治思想及左翼公共政策方面一直走在前列，美国比较有代表性的智库是兰德，它是为政府提供咨询和决策参考的市场型智库。

1　文庭孝, 姜珂炘, 赵阳. 国内外智库发展及其评价[J]. 高教发展与评估, 2016, 32（5）: 30–41, 120–121.

"智库"一词是在第二次世界大战期间在美国创立的。"智库"一词最早出现在第二次世界大战期间的美国。1916年成立的政治研究所(布鲁金斯学会的前身)是现代智库的原型,因为它是现代第一个专门从事公共政策研究的独立组织。最早的智库是国家机构。二战之后,权力中心从西方转移到全球,美国智库的规模也在扩大,除了政治议题外,也陆续出现了有关气候变化、网络安全、国际金融及人类发展的智库,这也体现了全球化带来的相互依存度不断提高。

兰德以公司的形式于1948年正式成立,其大部分业务都是与美国联邦政府签订,业务内容涉及国防、教育、医疗和经济等领域,合同服务周期一般为3—5年,一个项目的咨询金额为数千万美金。兰德公司每年有700—800个同时进行的项目。除了大部分根据长期合同和政府预算来安排的政府项目外,还有部分项目是兰德认为有意义或会造成重大影响而自主选择。在过去的一个世纪中,智库的数量有了惊人的增长。在1920年代还屈指可数,但到1950年以后,大约有一百个的智库主要集中在西方的各城市。

1970年代,几乎所有智库在组织、方法论和哲学方面都以学术为导向,这类学术智囊团至今在德国仍然有很好的代表性。经过1970年代,到了1980年代,智库的数量和活动发生了巨大变化。数百个新的智库产生[1],且绝大多数是公开的政治智库,倡导

---

1 Rich, A. 2004. Think Tanks, public Policy and the Politics of Expertise.[D]. Cambridge: Cambridge University Press.

特定的保守思想和政策。1990年代后期，伴随着全球化进程的加快，智库的种类和范围也越来越广泛，同时也产生了一批由私人掌握的智库。这些智囊团起源于进步时代的信念，或者受到进步时代的信念的影响，即政府可以使用严格的、无党派的经济和社会科学研究来解决公共问题[1]。

截至2018年，全球共有7 800多个智库组织。西方智库兴起的三个要素：大英帝国的全球影响力的下降和美国的崛起；第一次世界大战决策失败；战后民族自觉性的蔓延和世界各地政府殖民体系的削弱。智库最初的形式是以研究小组，将学者和政府官员聚集在一起，在查塔姆大厦规则的保密环境下讨论政策问题。这样的政府间组织对战后维持和平起到至关重要的作用。

总之，国外智库建设较早，涵盖政治、经济、军事、教育、外交、医疗、能源、科技等各个方面。根据《全球智库报告2018》顶级智库榜单显示，国外智库尤其是美国智库如布鲁金斯学会、卡内基国际和平基金会等整体评价较高[2]。智库被称为思想库，是以影响公共政策为宗旨的政策研究机构，通过公开发表研究成果或其他于政策制定者有效沟通的方式来影响政策制定。智库在国家治理中发挥越来越重要的作用，成为国家治理体制中不可或缺的部分[3]。

1　Rich, A. 2004. Think Tanks, public Policy and the Politics of Expertise.［D］. Cambridge: Cambridge University Press.

2　《全球智库报告2018》出炉 中国智库数量世界第三［EB|OL］.中国日报网，2019-02-01. China Daily. com. cn

3　李伟. 探索中国特色新型智库发展之路［N］. 人民日报，2014-04-23.

宾夕法尼亚大学劳德研究所的智库和公民社会计划(TTCSP)对全球的政策机构在世界各地政府和公民社会中的所起到的作用进行研究。在TTCSP通常被称为"智库中的智库",研究公共政策角色和特征的演变。在过去的29年中,TTCSP制定并领导了一系列全球倡议,这些倡议帮助弥合了关键政策中知识与政策之间的鸿沟,这些关键政策包括国际和平与安全,全球化与治理,国际经济,环境问题,信息和政策等领域。TTCSP与智库和大学的领先学者进行实践者合作,开展了各种合作活动和计划,并制定了年度全球智库指数,该指数将世界在不同领域领先的智库进行排名。这是由来自世界1 796多个同行机构和专家组成的小组以及来自全球各媒体,学术界,公共和私人捐助机构以及政府组成的评审小组来实现的。自1989年成立以来,TTCSP一直致力于收集数据并进行研究,研究智库的发展趋势以及智库在决策过程中扮演的民间角色。2006年,TTCSP制定并启动了一个名为"全球智库指数"的试点项目,旨在识别和认可公共政策研究领域以及世界各个地区作出突出贡献的机构。迄今为止,TTCSP正在努力创建区域和全球智库网络,为85个国家和地区提供技术和能力建设方面的援助,以促进各国智库间的协作,在能力范围内生产少量的全球公益产品。

进入21世纪以来,伴随着互联网的快速发展,智库的发展拓展到国际层面,受到各国的重视。智库在全球范围内的扩散,而且它们的任务和功能也在不断变化,以适应不断变化的社会政治环境中的新要求。宾夕法尼亚大学的智囊团和民间社会计划自

2006年以来每年发布一次"全球智库排名"。智库日益成为媒体的最重要信息来源,而媒体报道反过来又增加了它们的知名度[1]。媒体和智库专家之间的这些联系建立了一些关键的智库参与者作为"媒体知识分子"[2]。随着媒体"对智库服务的巨大需求",智库对知识信誉的主张变得更加明显。演艺产业对经济社会发展、文化传承、公民人文素质的提升有重要意义,其发展程度体现了一个国家和民族的艺术审美与创造力。演艺智库的作用就在于为演艺产业提供理论支持与决策参考,以及管理与技术咨询等。"演艺智库"是演艺界和决策者之间的桥梁,并在向更广阔的世界解释和传达纯应用研究的战略作用。

在西方之外,中国在建立新的智库建设处于领先地位,目前,数量最多为512个,仅次于美国的1 872个。智库在各领域的发展以及其多样化模式并不总是遵循西方建智库的模式:非西方智库的发展反映了各自的国内文化和特点。智库是参与公共政策研究的组织,它们针对国内和国际问题进行政策研究,从而使政策制定者和公众能就某个政策制定作出明智的决定,智库可以是常设机构的附属机构或独立机构,它充当政府以及公众之间的桥梁。智库有其独立的发声的渠道,可以将应用研究和基础研究用政策制定者和公众能理解的方式表达。

---

1 Misztal B A. Public Intellectuals and Think Tanks: A Free Market in Ideas?[J]. International Journal of Politics Culture and Society, 2012, 25(4): 127–141.

2 Schlesinger P. Creativity and the Experts[J]. international journal of press/politics, 2009, 14(1): 3–20.

（二）演艺智库产生与发展

西方及中国的学术界对演艺智库的研究还较少，一部分专著和论文主要是围绕研究演艺产业现状和困境展开的，如《表演艺术经济学》对表演艺术行业的理论性进行讨论，并对表演艺术行业援助提出了建议，在此基础上讨论政策问题和艺术行政事务。也有研究演艺产业面临问题的，如研究票价政策，基于一系列音乐会演出中个人购票的数据，研究发现推动消费者选择的参考系不仅取决于价格，而且还取决于他们在观看演出时发现的销售额（上座率）。当价格高于参考价或实际席位销售低于参考价时，消费者在价格和售出席位上都遭受损失规避。

兰德公司主要研究领域是政治和经济，但在2001年兰德公司受委托对美国表演艺术进行系统调查，并发表了智库报告《新时代的表演艺术》，报告从艺术家、表演艺术团体及组织、演艺产业的财务状况及发展趋势进行了分析。报告在开头就指出了媒体对美国表演艺术的报道描绘了一幅矛盾的图景。一方面，艺术似乎正在蓬勃发展：提供现场表演的组织数量持续增长，百老汇的戏剧和现场歌剧表演吸引了唱片观众，观众对商业唱片有强烈的购买需求，其首次对表演艺术进行全面概述。报告研究的大部分数据来源于非营利性的表演艺术，以现场和录制形式出现，综合剧院、歌剧、舞蹈和音乐的可用数据。虽然数据有一定局限性，但该研究还分析了商业表演，例如唱片业和百老汇剧院，以及主要由业余和面向社区的小型非营利组织策划的艺术活动。这项研究着眼于过去20年里艺术受众、艺术家、艺术组织和融资领域发生变化。作者得出结论，表演艺术系统的结构正在发生根本性转变。在全球商业录音和广播越来越集中的，有许多表演艺术团体也面临消失的危机。

比如，2005年，里皮尤艺术与文化遗产中心成立了非营利的演艺智库，这是一个集多学科的非营利组织，以及艺术文化共享中心，致力于在费城建立一个充满活力的文化社区，以促进公众的文化艺术生活，并联络广泛的文化从业者和领导人进行艺术实践的思想交流。该中心获皮尤慈善信托基金会的资助，并在表演和会展两个领域提供项目资助。通过皮尤奖学金资助单个艺术家。以营利为目的剧院咨询机构如奥雅纳（Arup），奥雅纳是一家全球性企业，总部位于英国伦敦，在全球设立了90多家分支机构，拥有逾15 000名规划、设计、工程和咨询专业人员，提供设计、工程等建筑环境相关领域的咨询服务，在超过140个国家运营不同的项目。奥雅纳经营的项目之一是为剧院提供场地设计、艺术灵感创意，运营咨询，舞台美术和声学效果设计等技术支持，以实现客户的商业需求。客户类型涵盖了从媒体工作室、广播电视到音乐厅、从会展中心到各类娱乐场所。完成的项目如都柏林的大运河剧院，格拉斯哥当代艺术中心，鹿特丹新近开放的剧院Zuidplein，美国休斯敦的17个街区剧院等剧院设计。奥雅纳要了解客户需求，并提供建议和技术支持，以帮助他们将创意变为现实。专家们可以帮助建筑师设计激发灵感和愉悦感的空间，同时提供最佳的剧院功能，出色的声学效果，视觉质量和观众舒适度。

演艺智库的发展也和一个国家艺术创造及经济实力相关。从全球表演艺术机构的分布可以看出,有影响力的演艺机构和高校基本都分布在美国及欧洲,这也反映了以西方为主导的文化艺术分布格局,演艺机构的分布与全球财政力量的分布情况极为相似:美国所占的主导性地位让人并不意外,在美国的社区有艺术协调员帮助协调社区和学校的音乐资源。

二、智库界定

智库又被称作"脑库"与"思想库"或"智囊团"。有关智库的概念界定,国内外学者基于不同的维度和视角对其展开了探究,不同的专家学者也给出了不同的定义。国外有关智库的研究相对较早,1971年,美国学者 Paul Dickson 出版了美国最早的全面研究智库的专著《智库》一书,他提出:智库独立的、非营利的政策研究机构,其目的是为政策而非技术服务[1]。20世纪90年代后,智库作为研究对象受到学术界的关注,与此同时,全球智库的数量快速增加[2]。随后,不同领域的学者专家针对智库的概念界定展开了研究,多数学者对智库的共同认知是独立的、非营利性的研

1 Paul Dickson. Think tanks [M]. New York: Atheneum, 1971.

2 McGann J. The Global "go-to Think Tanks" [M]. Think Tanks and Civil Societies Program, 2010.

究组织和机构，比如Simon James[1]认为智库是"在美国主流政治进程的边缘运行的、私人的、非营利的研究型团体"；McGann and Weaver（2000）将智库定义为非政府而非营利性研究组织，具有来自政府和企业，利益集团和政党等社会利益的组织自主权；Rich[2]这样界定智库：独立的、以利益为基础的、非营利性的组织，主要依靠专业知识和思想来获得支持和影响决策过程。

《智库传统：政策研究及政治形态》一书通过比较不同国家的智库的历史发展和对当代社会的影响，研究欧洲和美洲智库以及其在中国、阿根廷和东欧国家产生的影响，以及智库对外交政策和关系的影响。《重新定义智库现象》一文讨论并修改了智库的定义，批判性提出智库的定义应该注重智库的功能而非主流观点那样，侧重于组织形式，运用葛兰西批判方法对智库运行进行系统性阐释，采用马腾·哈耶尔的话语联盟概念来解释智库如何有效地发挥作用。东亚各国的智库运作模式各不相同，其合作模式分为：① 在国际和跨国背景的平台发展业务；② 为国内政府体制及对外进行政策咨询和服务；③ 以个别领导人为中心的智库合作。

2003年，联合国开发计划署（UNDP）的出版物中也表达了智囊团为民主发展作出贡献的想法，该出版物将智囊团定义为："定期从事与公共政策有关的任何事情的研究和宣传的组织。它

1　James A Smith. The idea brokers: Think tanks and the rise of the new policy elite [M]. New York: Free Press, 1991.

2　Rich A. Think tanks, public policy, and the politics of expertise[M]. Cambridge University Press, 2005.

们是现代民主国家中知识与权力之间的桥梁"。之后很长一段时间以来,智库被广泛应用于特定政策领域或用来广泛研究政策问题,涉及广泛的政治相关主题和建议[1],积极为决策者提供建议或为公众辩论提供相关信息。一般来说,这些智库以非政府组织形式组成,但有些是半官方性质的。它们位于学术和政治的交叉点,试图将思想和政策联系起来[2]。Bertelli[3]提出智库是独立的政策研究组织;McGann and Sabatini[4]在定义智库并解释其执行的社会职能的类型时,提出智库是"公共政策研究、分析和参与机构,针对国内和国际问题进行有关政策的研究、分析和咨询"。Brown et al.[5]也将智库定义为进行研究和分析以改善公共政策或改善与公众福祉相关的政策的组织。另外,也有学者提出智库是"知识经纪人"[6]、思想市场上运作的组织[7]、针对特定问题提供信息

1　Thunert M. Think tanks in Germany[J]. Society, 2004, 41(4): 66-69.

2　Stone D. Think Tanks, Global Lesson-Drawing and Networking Social Policy Ideas.[J]. Global Social Policy, 2001.

3　BERTELLI, Anthony M, WENGER, et al. Demanding Information: Think Tanks and the US Congress.[J]. British Journal of Political Science, 2009.

4　Mcgann J G, Sabatini R. Global think tanks: policy networks and governance[M]. Routledge, 2010.

5　Brown E, Knox A, Tolmie C, et al. Linking Think Tank performance, decisions, and context[J]. Results for Development, 2014.

6　Craft J, Howlett M. Policy formulation, governance shifts and policy influence: location and content in policy advisory systems[J]. Journal of Public Policy, 2012, 32(PT.2): 79-98.

7　Braml J. Think Tanks versus "Denkfabriken"[J]. US and German Policy Research Institutes' Coping with and Influencing Their Environments, 2004.

或建议的组织[1]等。

在国内,有关智库的研究相对国外较晚一些,起步于20世纪80年代初期,一直到21世纪以前,大部分研究主要聚焦于智库组织的相关介绍以及对国外著名智库作用、发展的论述,特别是美国智库的发展情况。进入21世纪后,随着中国智库的数量迅速增加,学术界逐步从对国外智库的研究转向对中国智库发展的探索,但对智库的概念界定尚无统一的定论。清华大学薛澜[2],认为智库是一种相对稳定的且独立运作的政策研究和咨询机构;胡鞍钢[3]提出,所谓智库顾名思义就是智者之库,即智者集聚之处;王丽莉[4]提出,思想库是指从事公共政策研究的非营利组织,其目标客户是政策制定者和社会大众,思想库力图通过各种传播渠道影响公共政策制定和社会舆论;徐晓虎和陈圻[5]提出,智库是指一种专门为公共政策和公共决策服务,开展公共政策和公共决策研究和咨询的社会组织,并提出智库的本质是一个知识生产组织和信息加工机构,因而可以运用知识管理理论和信息管理理论对其

1　Alaa B, Aw C, pbt D, et al. Advancing health policy education in nursing: American Association of Colleges of Nursing Faculty Policy Think Tank[J]. Journal of Professional Nursing, 2020, 36(3): 100–105.

2　薛澜,朱旭峰. "中国思想库":涵义、分类与研究展望[J].科学学研究,2006(3):321–327.

3　胡鞍钢.建设中国特色新型智库[J].清华大学教育研究,2013,34(05):1–4.

4　王莉丽.美国思想库发展历程及面临挑战[J].红旗文稿,2009(14):33–36.

5　徐晓虎,陈圻.智库发展历程及前景展望[J].中国科技论坛,2012(07):63–68.

进行研究。智库运行是典型的知识密集型服务,其核心业务流程与知识关系十分密切。陈振明[1]认为,智库是政策科学成长的摇篮,政策科学是智库建设的支撑学科。帕瑞克·克勒纳和韩万渠[2]提出,智库是以政策研究和政策分析为基础,以影响公共政策(也包括公司事务)为目标的研究机构。上海社会科学院智库研究中心项目组李凌[3]认为,智库是以公共政策为研究对象,以影响政府决策为研究目标,以公共利益为研究导向,以社会责任为研究准则的专业研究机构。伴随着智库的快速增加,各位学者提出了各种智库:高校智库、民间智库、社会智库、教育智库以及科技智库等,如全守杰和王运来[4]提出,高校智库是依托于高校特色学科,聚集知名学者,以国家发展为导向,融合基础研究和应用研究,通过对重大现实问题进行跨学科、协同性、综合性的研究,为政府与社会提供智库产品,培育智库人才,集团队打造、机构建设、项目管理与平台发布为一体的综合系统。金家厚[5]提出,民间智库是指处于政府系统之外的专门从事政策研究和提供决策咨询服务

1 陈振明. 政策科学与智库建设[J]. 中国行政管理,2014(05):11-15.

2 帕瑞克·克勒纳,韩万渠. 智库概念界定和评价排名:亟待探求的命题[J]. 中国行政管理,2014(05):25-28+33.

3 上海社会科学院智库研究中心项目组,李凌. 中国智库影响力的实证研究与政策建议[J]. 社会科学,2014(4):4-21.

4 全守杰,王运来. 高校智库的涵义与特征[J]. 现代教育管理,2016(01):38-42.

5 金家厚. 民间智库发展:现状、逻辑与机制[J]. 行政论坛,2014,21(01):56-61.

的机构。黄晓斌和王尧[1]指出,地方特色新型智库是立足于当地,反映当地情况,研究当地问题,服务放低经济社会发展,既具备丰富的实践经验,又具备多学科知识背景,所提供的成果产品主要用于支持地方相关决策,具有相对独立性的新型研究机构。

三、智库的特征

智库作为重要的智慧生产机构,是一个国家思想创新的源泉,也是一个国家软实力和国际话语权的重要体现[2]。从上述智库概念的定义可以看出,一般公认智库应该具备独立性、非营利性、现实性和政治性四大特征(李凌,2012)。**一是独立性,**其核心价值所在[3],它主要是指组织的独立,工作的独立以及思想的独立。智库强调与其他团体和组织的联系和独立性,如捐助者、活动家网络、大学和政府[4]。例如,一个专注于单一政策问题的智囊团必须表明其对捐赠者党派立场的忠诚,利用科学和学术界的象征和程序服务于其学术声誉,培养其在记者、媒体组织和公众眼中的

---

1 黄晓斌,王尧.地方文献与地方特色新型智库建设[J].图书情报知识,2016(01):35-41.

2 陈双梅.智库建设的困境摆脱与国家软实力提升[J].重庆社会科学,2012(05):92-98.

3 张思齐,闫杰,宋保维.新工科建设背景下的高校科技智库发展路径探索[J].科技管理研究,2020,40(22):112-118.

4 Medvetz T. Think tanks as an emergent field[J]. New York: Social Science Research Council, 2008.

信誉,所有这些都是在一个复杂的政治体系中驾驭不同的利益[1]。

从其定义来看,智库通常被定义为具有极大的自治权、不受政府利益支配,并向公众、决策者及其他组织(私人和政府机构)和新闻界综合、创建或传播信息、研究或建议的组织[2][3]。总体来看,智囊团是相对独立的组织[4]。虽然某些智库的研究带有一定的政治倾向性,但大多美国智库都是不受政府影响的。在智库的评估标准中,也将独立性列入其中[5]。**二是非营利性**,是指社会团体、组织或个人不以营利为目的所从事的活动,其本身不以营利为目的,产生的收益为以提供其活动的资金。Rich[6]明确提出智库是非营利性组织,主要依靠专业知识和思想来获得支持并影响决策过程。Goodman[7]将智囊团视为"理想工厂",其构

---

1 Medvetz T. Murky Power: 'Think Tanks' as Boundary Organizations[M]. 2012: 113-133.

2 Weaver R K, Stares P B. Guidance for governance: comparing alternative sources of public policy advice[M]. Japan Center for International Exchange, 2001.

3 Jezierska K, Giusti S. Introduction: Travelling from West to East: Think Tank Model Adaptation to Central and Eastern Europe[J]. East European Politics & Societies, 2020.

4 Sherrington P. Shaping the policy agenda: Think tank activity in the European Union[J]. Global Society, 2000, 14(2): 173-189.

5 Siu E, Chaloupka F J, Blecher E. Think tank capacity building on tobacco economics: experiences and lessons learnt[J]. Tobacco Control, 2020, 29(Suppl 5): s289-s292.

6 Rich, A. 2004. Think Tanks, Public Policy and the Politics of Expertise[M]. Cambridge: Cambridge University Press.

7 Goodman, John C. What is a think tank[J]. National Center for Policy Analysis, 2005: 2.

想是"资助特定问题研究,鼓励发现这些问题的解决方案并促进科学家和知识分子之间为实现这些目标而进行互动的组织。"由此,看出智库是公益性的,是不以营利为目的的一种组织。**三是现实性,**主要体现在研究问题的现实性[1]、研究内容的现实性[2]、研究成果的现实性[3]等方面。"智库"本身就是一个针对特定问题或问题提供信息、建议和想法的组织,旨在为决策和决策提供专业知识[4]。

由此看出,智库从提出问题到解决问题的整个过程是具有较强的现实性和针对性的。**四是政治性,**主要体现在两个方面:政府对智库的规制和引导和智库有效参与决策圈层。智库的发展过程中,其中某个阶段的文献研究主要集中在智库参与政治进程、对政策成果的影响[5]。特别是在美国宪法安排中,智库扮演着特殊的角色,尤其是在安全政策决策机制中扮演着知识库和"润

---

1 黄红梅.基于智库资源的学科服务实证研究——以大连外国语大学为例[J].图书馆,2016(03):100-103.

2 徐亚清,曾建军.我国大学智库建设的若干思考[J].河北师范大学学报(教育科学版),2015,17(05):99-103.

3 胡五生,龚文霞.基于案例对比分析的高校智库建设研究[J].新世纪图书馆,2019(05):25-31.

4 Goodolf D. M, Godfrey N. A think tank in action: Building new knowledge about professional identity in nursing[J]. Journal of Professional Nursing, 2020.

5 Stone, Diane, and Andrew Denham, eds. Think tank traditions: Policy research and the politics of ideas. Manchester: Manchester University Press, 2004.

滑剂"的角色[1]。另外,胡鞍钢[2]提出,中国特色新型智库,除了智库通用的特征之外,还具有"特、专、新、优"的特征。

四、智库分类

从现有文献资料来看,目前国际和国内的智库分类有很多种,不同的学者基于不同的分类标准,提出了不同的分类类型。在国外,主要有以下几种分类方法:一是JLames G. McGann依据资金来源,将智库分为:政党附属型、政府附属型、半政府型、自治且独立型、半独立自治型、大学类型8种类型。Braml[3]、Weaver和McGann[4]将智库分为学术智库、政府智库、合同研究智库、政策倡导智库。McGann,J. and K. Weaver[5]区分了学术智库、契约智库

1 Nicander L. The recipe for think tank success: The perspective of insiders [J]. International Journal of Intelligence and CounterIntelligence, 2016, 29(4): 738–759.

2 胡鞍钢. 建设中国特色新型智库参与全球智库竞争 [N]. 中国社会科学报, 2014–04–11 (A04).

3 Braml, J. 2006. U. S. and German Think Tanks in Comparative Perspective. German Policy Studies 3(2): 222–226.

4 McGann, J. & Weaver, R. K. (2002). Think tanks and civil societies: Catalysts for ideas and action. New Brunswick, NJ: Transaction.

5 McGann, J., and K. Weaver. "Introduction". In Think Tank & Civil Societies: Catalyst for Ideas and Action, edited by J. McGann, and K. Weaver: 1–35. New Brunswick: Transaction Publishers, 2000. Medvetz, T. Think Tanks in America. Chicago: University of Chicago Press, 2012.

和倡导智库。Brown et al. [1]从依附属性上,将智库分为附属智库和独立智库两种类型,附属智库与政党有正式或非正式隶属关系,而独立智库则没有,附属和独立组织都希望提出严格、可靠和有用的研究和政策建议,并在各自的听众中保持信誉。但是,附属智库也希望获得与其附属的政治行为者的信任,并且通常会调整其政策建议,以适应这些行为者的政治动机和约束。相比之下,独立的智库通常想要使社会福利最大化的政策,他们想作为各方和联盟的客观信息来源,而不仅仅是一个。Campbell & Pedersen[2]从其组织形式上将智库分为公共资助的智库和私人智库。公共资助的智库比私人智库被期望获得更多的议会提名,因为它们更受制度化规范的影响,通过议会来瞄准内部行为者;相反,私人资助的智库被期望比公共智库获得更多的媒体提及,因为他们是决策的局外人,强调公众宣传而不是直接影响[3]。Jezierska等[4]根据不同级别的独立性,智库的分类包括:① 自主和

1 Brown E, Knox A, Tolmie C, et al. Linking Think Tank performance, decisions, and context[J]. Results for Development, 2014.

2 Campbell J L, pedersen O K. The national origins of policy ideas: Knowledge regimes in the United States, France, Germany, and Denmark[M]. Princeton University Press, 2014.

3 Kinderman, Daniel. Challenging varieties of capitalism's account of business interests: Neoliberal think-tanks, discourse as a power resource and employers' quest for liberalization in Germany and Sweden.[J]. Social & Economic Revue, 2017, 15(3), 587−613.

4 Jezierska K, Giusti S. Introduction: Travelling from West to East: Think Tank Model Adaptation to Central and Eastern Europe[J]. East European Politics & Societies, 2020.

独立,即智库具有明显的独立性,不受任何一个利益集团或捐赠者的影响,在运作和资助方面也具有自主性;② 准独立,即独立于政府,但受利益集团、捐助者或承包机构控制,提供大部分资金,并对智库运作具有重大影响;③ 政府附属机构,即政府正规机构中的智库;④ 准政府,即完全由政府拨款和合同提供资金,但不属于政府正式结构的一部分;⑤ 附属大学,即大学内部的政策研究中心;⑥ 附属政党,即正式附属于政党的;⑦ 公司(营利),即附属于某公司或仅以营利为目的的公共政策研究机构。

中国有关智库的分类也有很多种,如薛澜等[1]将智库分为四种类型:事业型智库、企业型智库、民非型智库、大学智库。李凌[2]提出,中国智库可划分为党政军智库、社会科学院智库、高校智库与民间智库四大类。按照不同的标准,其分类也不相同,如按照独立性和非营利性、组织属性、专业领域、研究领域等不同的角度进行划分,其中目前较为细致和完善的划分主要是《全球智库报告》以及《中国智库索引》的分类,涉及的研究领域(如"国防和国家安全研究""国内经济政策研究""教育政策研究""能源与资源政策研究""环境政策研究""外交政策与国际事务研究""国内健康政策研究""全球健康政策研究""国际发展政策研究""国际经济政策研究""科技政策研究""社会政策研

---

1 薛澜,朱旭峰."中国智库":涵义、分类与研究展望[J].科学学研究,2006(3):321-327.

2 李凌.中国智库影响力的实证研究与政策建议[J].社会科学,2014(04):4-21.

究""食品安全""水安全"等)和方面比较多元化,形成了较为系统的智库体系。但是目前尚未形成统一的分类共识。另外,还有学者提出从研究内容、影响范围等角度对智库进行分类。

五、演艺智库研究现状

(一)国外演艺智库研究现状

1. 智库对文化艺术的研究现状

兰德公司主要研究领域是政治和经济,但在2001年兰德公司受委托对美国表演艺术进行系统调查,并发表了智库报告《新时代的表演艺术》,报告从艺术家、表演艺术团体及组织、演艺产业的财务状况及发展趋势进行了分析。报告在开头就指出了媒体对美国表演艺术的报道描绘了一幅矛盾的图景。一方面,艺术似乎正在蓬勃发展:提供现场表演的组织数量持续增长,百老汇的戏剧和现场歌剧表演吸引了唱片观众,对商业唱片有强烈的购买需求,首次对表演艺术进行全面概述。报告研究的大部分数据来源于非营利性的表演艺术,以现场和录制形式出现,综合剧院,歌剧,舞蹈和音乐的可用数据。虽然数据有一定局限性,但该研究还分析了商业表演,例如唱片业和百老汇剧院,以及主要由业余和面向社区的小型非营利组织策划的艺术活动。这项研究着眼于过去20年里艺术受众、艺术家、艺术组织和融资领域发生变化。作者得出结论,表演艺术系统的结构正在发生根本性转变。在全球商业录音和广播越来越集中,有许多表演艺术团体也面临消失的危机。

2. 多学科的非营利性演艺智库研究现状

2005年，里皮尤艺术与文化遗产中心成立了非营利的演艺智库，这是一个集多学科的非营利组织，以及艺术文化共享中心，致力于在费城建立一个充满活力的文化社区，以促进公众的文化艺术生活，并联络广泛的文化从业者和领导人进行艺术实践的思想交流。该中心获皮尤慈善信托基金会的资助，并在表演和会展两个领域提供项目资助。通过皮尤奖学金资助单个艺术家。以营利为目的剧院咨询机构如奥雅纳（Arup），奥雅纳是一家全球性企业，总部位于英国伦敦，在全球设立了90多家分支机构，拥有逾15 000名规划、设计、工程和咨询专业人员，提供设计、工程等建筑环境相关领域的咨询服务，在超过140个国家运营不同的项目。奥雅纳经营的项目之一是为剧院提供场地设计、艺术灵感创意，运营咨询，舞台美术和声学效果设计等技术支持，以实现客户的商业需求。客户类型涵盖了从媒体工作室、广播电视到音乐厅、从会展中心到各类娱乐场所。完成的项目如都柏林的大运河剧院，格拉斯哥当代艺术中心，鹿特丹新近开放的剧院Zuidplein，美国休斯敦的17个街区剧院等剧院设计。奥雅纳要了解客户需求，并提供建议和技术支持，以帮助他们将创意变为现实。专家可以帮助建筑师设计激发灵感和愉悦感的空间，同时提供最佳的剧院功能，出色的声学效果，视觉质量和观众舒适度。

3. 以艺术家、艺术机构为主的演艺智库现状

国外专门研究演艺智库大部分是以艺术家为主的工作坊或艺术智库、以戏剧、表演为核心剧院智库、以电影、电视为核心的

影视智库等形式出现,且不同国家对演艺智库组织的概念界定以及组织功能等方面存在很大差异。其中,在美国,就有许多以戏剧、表演为核心的组织和实验室,致力于发展演艺产业。其中美国乔治敦大学全球表演与政策实验室是跨学科的研究机构,致力于戏剧与国际关系的交汇,它开发新的作品;展现全球绩效;建立青年和成熟艺术家的动态网络;并建立多元化的社区和金融合作伙伴关系。该实验室由国际知名剧院领袖、艺术家和学者组成。并于2012年6月召开的"全球绩效,公民想象力和文化外交会议",吸引了来自各地的70多位艺术家、活动家、教育家和决策者参加。另外,美国耶鲁大学戏剧学院、伦敦市政厅音乐戏剧学院都从表演艺术实践探索到理论创新起到了引领作用,发挥了智库的作用。

尼日利亚在非洲大陆的音乐、喜剧、时尚乃至宗教领域的影响力日渐增强,其中"瑙莱坞"(Nollywood)是尼日利亚蓬勃发展的电影工业的代称,每年出品1 500部～2 000部影视作品,涵盖了社会各个阶层,讲述了男女老少、穷人、富人以及不同信仰的人群的故事,拥有非常广泛的收视人群。法国巴黎歌剧院,又称为加尼叶歌剧院,拥有2 200个座位的歌剧院,总面积11 237平方米,是法国上流社会欣赏歌剧的场所,不论内部装饰还是外表建筑都极尽华丽之能事。另外,巴黎歌剧院有一个举世闻名的芭蕾舞团和一个管弦乐团,其演艺人员总共近1 100人。

戈尔韦(Galway)于2014年被指定为联合国教科文组织电影之城,该部门由50家制片公司组成,由一家国家广播公司、三家国家资助机构、两家提供电影和电视制作教育的三级学院以及一大批其他支持机构提供支持,国家和国际电影节和电影俱乐部设在城镇周围。西部开发委员会(Western Development Commission)在其2009年报告中指出,该地区的创意产业就业率为3.5%,突显了表演艺术(音乐和戏剧)以及电影和电视领域的高度集中(西部发展委员会2009)。戈尔韦(Galway)在爱尔兰的文化日历中占有重要地位,是国际电影节(Galway Film Fleadh)、文学节(Cúirt节)和一般艺术活动(Galway国际艺术节)的所在地,并被指定为2020年欧洲文化之都。

这些机构在一定程度上也兼具演艺智库的某些功能。

(二)国内演艺智库研究现状

目前,在国内鲜有以艺术为内核的"新型智库"[1]。其中有关演艺智库的研究也相对较少,主要集中在以下几个方面:

演艺智库的概念界定。演艺智库旨在整合各方面的社会研究力量,关注演艺产业发展,为演艺机构改革发展提供理论依据与决策参考,为演艺机构、研究机构以及演艺技术设备研发企业提供咨询[2]。

演艺智库的作用与功能。其主要体现在智库提供决策、服

---

[1] 苟欣文. 地方艺术课题的误区与矫正[J]. 美术观察, 2018(08): 26-27.

[2] 薛诗怡. 未来演艺智库多模式运作的可能性探索[J]. 演艺科技, 2020(08): 73-76.

务社会方面等。中国特色文化外交及其文化艺术智库的介入策略[1]一文指出：应发挥中国文化艺术智库类型多样化的优势，运用文化艺术智库的专业能力，建立与文化外交的对接机制；咨政建言，加强中国文化外交的顶层设计；推动文化艺术智库对外文化交流资源库建设；优化文化外交项目选择；创新智库参与文化外交活动的方式；开展对外文化传播研究。

关于影视智库建设问题。影视智库要做好三件事：一是打造专业化的研究团队，二是建立文献库和数据库，三是保持与行业的互动[2]。周园和孙振凯[3]对"艺术+扶贫"智育扶贫模式进行了探索。

中国艺术研究院是具有艺术研究、艺术创作和艺术教育职能的机构，在文化艺术领域为各级决策机构和整个社会提供智库产品，发挥思想库的作用。2015年，文化和旅游部部长雒树刚提出，要积极推动国家文化艺术智库建设。中国特色新型智库体系包括了大力建设"文化艺术智库"[4]。既要注重基础研究，又要加强社会实践的研究，同时要聚焦中国文化艺术发展全局性、前瞻性的对策问题研究。

1　韩顺法.中国特色文化外交及其文化艺术智库的介入策略[J].人文天下，2021，（04）：4-11.

2　陈纯真.发挥智库咨政职能 服务国家文化发展[N].中国社会科学报，2020-1-2（002）.

3　周园，孙振凯."艺术+扶贫"智育扶贫模式新探索[J].文化产业，2019（16）：49-51.

4　陈茜.践行新思想 找准"新时代"艺术科研发展新方位[J].四川戏剧，2017（12）：169-172.

文化和旅游部文化科技司于2016年开始组织实施"文化艺术智库体系建设工程"。2017年文化艺术智库项目数量增多,相较于2016年,涉及的研究方向范围更广,涵盖了文化政策与智库建设研究、繁荣发展社会主义文艺、传承发展中华优秀传统文化、现代公共文化服务体系研究、加快发展现代文化产业等方面,且文化和旅游部文化科技司司长孙若风表示,已初步构建起地方到中央、覆盖文化事业和文化产业、政产学研用一体的文化艺术智库体系。

演艺智库发展存在的问题与对策研究。《中国特色艺术智库研究》课题组调查发现,中国已经建立了一定数量的文化艺术研究机构,研究内容较为全面,基本涉及我国文化建设领域的各个方面,具体包括文化及艺术综合发展研究、文化产业及旅游产业研究、公共文化服务及文化民生研究、各门类艺术研究、文物与遗产研究、民俗及非遗研究等多个研究领域。据不完全统计,重点研究机构的数量就达到了193个。但是,中国文化艺术智库建设总体上仍处于松散、弱小的初级阶段,存在着制度安排缺失、体制约束、智库人才缺乏、咨政质量不高、成果转化困难等一系列问题。鉴于目前中国文化艺术智库发展现状,共同发起筹建全国文化艺术智库联合体十分必要。通过组建全国文化艺术智库联合体,可充分集聚和发挥联合体成员比较优势,进一步提升咨政研究质量,同时为智库自身建设提供有力支撑[1]。

1　陈纯真. 发挥智库咨政职能 服务国家文化发展[J]. 中国社会科学报,2020-1-2(002).

韩顺法和苏佳[1]指出了我国文化艺术智库发展的现状以及存在问题,主要体现在:总体数量不足,行业分布不均;民营文化企业智库为主,国有文化企业智库缺失;以服务企业自身为主,智库功能不够完善;研究力量较为薄弱,理论研究水平不高。

针对当前中国文化艺术智库面临的应用性研究渐多、高校智库转型慢、社会地位较低、功能配置不均衡、社会影响力差等现状,韩顺法、李向民提出出台扶持政策、深化研究体制改革、培育更多专门性文化艺术智库人才、增强社会影响力和舆论引导能力、完善文化艺术智库的建设体系、成立中国特色新型文化艺术智库联盟、提升文化艺术智库的国际交往能力和国际话语权等建议和措施[2]。

随着互联网技术的进步和发展,文化艺术类智库的涉及的范围更加广泛和深入。中国智库在利用社交媒体后发生了潜在变化,具体包括在智库层面上促进智库发展和社会功能发挥,在行业层面上推动各类智库走向多元化发展,在国家层面上实现政策市场繁荣和决策优化三方面[3]。中国特色艺术智库的建设更需要明确方向和目标,适应时代发展要求[4]。充分利用好"互联网+"平

1　韩顺法,苏佳.中国文化艺术类企业智库的发展特征及提升策略[J].智库理论与实践,2020,5(01):28-34+42.

2　韩顺法,李向民.以智库建设推动国家文化治理现代化[J].中国国情国力.2019,(04):44-47.

3　朱旭峰,赵静.社交媒体时代中国智库发展面临的机遇与挑战[J].治理研究,2021,37(01):90-97.

4　范丽甍.新时代中国特色艺术智库建设之总体思考[J].艺术百家,2019,35(04):70-75.

台,尤其是充分利用其传播、社交以及共享合作等功能,传播智库的研究成果,发挥更大的作用。葛春先(2017)提出,加快公共艺术教育网络平台建设,丰富高校内部艺术教育智库资源[1],尤其是当前中国演艺行业处于探索阶段,市场集中度低,新经济环境下,尤其是在新冠疫情的冲击下,根据中国演出行业协会的不完全统计,2020年1月到3月,全国取消或延期近2万场演出,直接票房损失20多亿元。在这样的背景下,国家大剧院、中国演艺装备数据平台开膛了网上平台,出现了演艺互联网化的发展趋势。受疫情影响的国外剧院或院团同样推出各种线上节目,有艺术家利用网络平台进行云录制,如安德烈·波切利在米兰大教堂演唱会,也有柏林爱乐在无人音乐厅举办音乐会[2]。

疫情防控形势倒逼着演艺机构使用云技术、流媒体、5G等科技手段积极探索虚拟运营等科技手段,同时,应充分利用互联网世界里的智力资源,将研究相关问题的专家学者、社会大众的智慧以及各种资源优势都集纳到智库平台上来,为智库研究服务,同时也能扩大智库的社会影响力。

总体而言,中国演艺智库的发展尚处于初级阶段,且多集中在对文化艺术类智库的研究和探索。

智库是一种适应现实形势需要的对策性、应用性研究,不仅

---

1 葛春先. 特色学科人才培养的创新路径——以高校公共艺术教育为例[J]. 中国高校科技,2017(Z1): 71-72.

2 孙洋. 新冠肺炎疫情对线上演出产品的影响及发展思考——以国家大剧院为例[J]. 演艺科技,2020(05): 1-3+6.

仅针对宏观,也可以从微观入手。近年来,智库组织和机构遍及世界各国,种类和数量急剧增加,出现了教育智库、科技智库、高校智库、民间智库和演艺智库等。在这里,演艺智库主要是集聚专家团队进行前瞻性的预测,提出解决问题的最优方案与措施,为演艺机构提供咨询服务,切实解决演艺市场供需不平衡、信息滞后、决策失误等问题。但学术界对演艺智库的研究还比较少,通过梳理国内外演艺智库发展现状发现:

（1）目前,学术界对演艺智库的相关概念界定以及分类尚未形成统一标准。演艺智库的概念的表述有艺术智库、文化艺术智库、影视智库、文化智库、高校艺术智库等。

（2）演艺智库的发展尚处于初级阶段,包括演艺智库的内涵、运作等方面的研究尚不成体系。西方及中国的学术界对演艺智库的研究还较少,一部分专著和论文是围绕研究演艺产业现状和困境展开的,如《表演艺术经济学》对表演艺术行业的理论性进行讨论,并对表演艺术行业援助提出了建议,在此基础上讨论政策问题和艺术行政事务。

（3）演艺产业的发展也面临着各种问题,亟须健全演艺智库决策支撑体系,以科学决策引领演艺产业发展[1]。

综上所述,演艺行业呼唤着演艺智库诞生,中国特色新型演艺智库建设面临着前所未有的历史机遇,也迎来了最好的黄金发

1　薛诗怡. 未来演艺智库多模式运作的可能性探索［J］. 演艺科技,2020（08）: 73-76.

展时期。未来演艺智库的发展,首先,应该注重把握政策导向和机遇,适应环境变化;其次,要强化智库的研究成果[1]。最后,在高科技赋能产业的大背景下,尤其是伴随着VR、AR、MR、HR等技术的发展和体验经济的到来,演艺产业需要快速对接,增强其线上线下相结合,增强其智库成果的产出和转化。因此,能否通过建立演艺智库的路径促进中国演艺产业协同创新发展,促进相关政策的出台和落实值得学界、业界思考。

1 王一川. 让伟大艺术品开放其伟大:艺术研究之于艺术高峰[J]. 深圳大学学报(人文社会科学版),2019,36(01):128-135.

第三章　　演艺产业链的带动效应

一、演艺产业链界定与特征

产业链是产业经济学中的一个概念,是各个产业部门之间基于一定的技术经济关联,并依据特定的逻辑关系和时空布局关系客观形成的链条式关联形态[1]。它主要是指由围绕着服务于某种需求或进行特定产品的生产所涉及的一系列互为基础、相互依存的上、下游之间的连接关系。产业链整合就是推动这种上、下游关系一体化的过程,其目的在于使处在不同价值链的各个企业紧密联系在一起,形成协调优势和规模优势,从而降低成本、实现资源的优化配置,并最终达到产业整体竞争力的提升[2]。而演艺产业的要素里同时也包含价值链、企业链、供需链和空间链四个维度的概念,这四个维度直接或间接影响产业链中的各个要素。在相互对接的均衡过程中形成了产业链,这种"对接机制"是产业链形成的内模式,作为一种客观规律,它像一只"无形之手"调控着产业中各要素。

目前,国内学者对演艺产业的定义基本都围绕舞台为中心的表演艺术产业,用链式来概括其特征,演艺产业是指演艺事业

---

1 百度百科. 产业链定义 [EB|OL]. https://baike.baidu.com/item/%E4%BA%
   A7%E4%B8%9A%E9%93%BE

2 郑胜华,宋国琴. 休闲产业链整合及其策略体系研究[J]. 商业经济与管理,
   2009(9): 81-87.

相关的行业及衍生行业的链状组合,其主要链条包括演艺作品创作、演艺经纪服务、演艺设施供应、演艺场地租用、演艺团体演出等。其中,演艺场馆位于演艺产业的终端,它的目标客户成为产业链的最终服务对象[1]。从行业的宏观角度看,演艺产业包含的三大生产环节——版权交易与演员经纪的要素平台、演出院线以及作为分销渠道的电子票务网络系统,将是中国演艺产业需要重点发展的三个方面[2]。

之前,学术界虽然对演出产业进行了一个大概的划分,但没有明确这几个要素是如何形成互动、循环的合作关系。

根据国内相关文献论述可见,学术界对演艺产业的各种形态做了分析,但没有清晰界定出演艺产业相关的要素,以及得出演艺产业各个工种和部门协同联合的相互作用规律。演艺产业最核心的特点不是一条和工业生产相似的产业链,它没有上、中、下游泾渭分明的界限,比如票务公司也会联合直播平台直乐会和演唱会直播。在演艺产业的每一个环节都可以产生出一条产业链,每个要素之间并不是都呈现出链式关系,而是围绕演出的产业发展呈现出轮式特征。所以,用链条的概念,很难界定演艺产业的内涵与外延。本文用产业带动效应理论来阐述演艺产业的协同联动更符合其特征及发展路径。

1　金福安,王敬.基于绿色运营体系的演艺产业构成及其整合研究[J].郑州航空工业管理学院学报,2012(3):5.

2　王广振,曹晋彰.中国演艺产业发展反思与演艺产业链的构建[J].东岳论丛,2013(4):5-12.

二、产业经济学视角下演艺产业带动效应

美国经济学家罗斯托认为,应该选择带动效应最大的产业或产业群作为一国的主导产业,从而带动其他产业发展和社会进步。带动效应分为三个层面:回顾效应、旁侧效应、前向效应。

(一)演艺产业的回顾效应

在产业经济学中,回顾效应是指主导部门的增长对那些向自己供应投入品的部门产生的影响。演艺产业的回顾效应是指表演艺术消费端促进艺术生产的供给端,供给端是演艺产业生产的源头,其规模是由消费决定的。演艺产业不仅连接艺术家和观众,同时,作为连接和维系表演艺术生态圈的重要载体和媒介,有着承载、转换、整合的功能。它横向连接了表演艺术作品的供给方,集结了各行各业的生产经营活动;纵向连接了表演艺术团体、经营主体、消费主体和监管主体。

与其他产业链不同,演艺产业主要围绕艺术生产展开,从剧本的写作,授权,购买,演出单位购买版权,或使用符合版权法的文学和音乐作品进行剧目制作和生产,即艺术创作团体对剧目版权创作、生产到制作的全流程。其核心技术是剧本和剧目的创作,即"IP"的开发,"IP"可以形成优秀的演艺剧目,是表演艺术作为产品的生产源头,从而形成的演艺产业。同时,剧目创作也连接着剧院、影视基地建造、舞台设施的设计及制造、舞台剧目、布景、服装、化妆、道具的生产和制作及购买环节;同时,优秀的

剧目是衍生品开发的原动力。演艺基地、舞台设计、施工,以及演艺设施、设备制造等环节是实现演艺产业的物质基础,也是演艺能成功运行的前提条件。

演艺产业回顾效应主要体现在三个层面,观众对影视、戏剧、旅游演艺等方面的消费需求是演艺生产动力;也促进了剧本创作、主创团队、演艺投资等演艺经济发展,从而促进影视基地、剧院、音乐厅等演出场所、演艺设施、舞台机械、舞台布景、餐饮、购物、休闲等服务设施,以及演艺营销推广等演艺供给链的发展,因而演艺产业的生产、经营也呈现出蓬勃发展的态势。如图3-1。

在演艺产业中,各要素之中最重要的是观演关系的建立,艺术的表达要有消费者群体作为反馈,艺术作品的呈现和消费才能构成一个完整的演艺活动。在演艺需求的推动下,应鼓励优秀剧

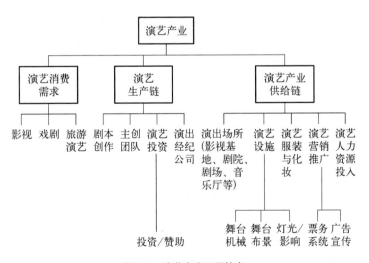

图3-1 演艺产业回顾效应

目流入市场,并接受市场考验。进入消费端的剧目所产生的外溢效应,可以提供衍生品、营销、增值业务等服务,其盈利状况和社会反响决定剧目是否再投入制作、生产和演出规模等方面。

(二)演艺产业的旁侧效应

旁侧效应是一个生物学概念,主要是指一个细胞A影响到另外的细胞B,而这一影响也会波及邻近细胞B的细胞C。这一现象后来被借用到产业经济学中来描述与这一现象相似经济学现象,即旁侧效应。在这里旁侧效应指演艺产业影响到相关的其他产业,它不仅对这个产业起作用,而且还对与这个产业邻近产业产生影响,这后一种作用就叫旁侧效应。即指演艺产业的兴起会影响当地经济、社会的发展,如制度建设、国民经济结构、基础设施、人口素质等。演艺产业旁侧效应主要表现在以下几个方面:

1. 促进了旅游演艺的发展

国家统计局数据显示,2019年上半年预计国内旅游人数30.8亿人次,同比增长8.8%,2019年上半年国内旅游收入2.78万亿,同比增长13.5%,较去年同期上升1个百分点[1]。随着演艺产业与旅游业深度融合,实现了演艺产业向旅游业渗透,以文化内涵提升旅游产品的吸引力。演艺成为吸引游客前往景区或旅游目的地体验的动因之一,从而带动了餐饮、酒店、购物、景区、交通、休闲业

---

1 中国旅游研究院. 预计2019年上半年国内旅游人数30.8亿人次同比增长8.8%[EB|OL]. http://www.199it.com/archives/929736.html

的发展。全国也有不少旅游演艺场所,除了以表现地域文化背景或民俗风情为主的商业中心、旅游演艺活动外,也有因表演艺术闻名吸引游客观光的城市。比如每年在萨尔茨堡举办的音乐节,吸引全球的音乐爱好者前往。欧美为代表的城市因演艺带动当地经济发展的例子较多,比如,以2014至2015年度演出季为例,百老汇为纽约经济贡献了125.7亿美元,其中超过98亿美元源自将百老汇作为旅游目的地的各种消费开支,仅剧院和演出团体制作演出的支出就为纽约提供了超过27亿美元的收入[1]。在伦敦西区的海外游客消费占西区消费的近三分之一,带动了与音乐戏剧相关的各种消费总计将超过10亿英镑[2]。

演艺小镇的出现,为演艺产业带来了全新的发展契机;同时,演艺产业对城镇的发展带动效应也非常显著。例如纽约百老汇、伦敦西区等国外先进地区的实践已经证明,演艺产业具有空间集聚的规律,集聚区可以提供多样化、多层次的艺术样式,剧目、院团,为观众提供更多的选择与营造演艺文化氛围。演艺产业从而促进了城镇社会、经济、文化的飞跃。

演艺产业成了旅游吸引物,丰富了旅游业、休闲业类型,延伸产业链,增加了游客的文化体验与认知,吸引了国内外游客前来

---

1 李怀亮,葛欣航.美国文化全球扩张和渗透背景下的百老汇[J].红旗文摘,2016-07-12. http://theory. people.com. cn/n1/2016/0712/c143844-28547138. html.

2 牛纬麟.国际文化创意产业园区发展研究报告[R].中国人民大学出版社,2007:78.

观剧、观影,体验不同的文化,从而,带动了当地社会经济发展。

2. 促进了文化创意产业发展

影视、戏剧、旅游演艺、创意设计、演艺衍生品、出版物等是文化创意产业的重要组成部分,其发展会进一步推动文化创意产业发展,提高民众文化素质与修养。国家统计局数据显示,2019年上半年全国居民人均教育文化娱乐消费支出1 033元,占人均消费支出的比重为10.0%,为近7年来新高[1]。用创意、设计、品牌等文化要素拓展产品与服务价值、提升产品与服务内涵,有效增加相关产业附加值,形成文化创意与科技、金融、旅游等相关产业高水平、深层次、宽领域的融合发展格局。

以演艺产业作为振兴文艺事业发展的重要部分。演艺产业的良好发展可以引导公众参与及开展艺术普及教育,培养公众艺术消费习惯,让更多人了解到演艺产业除了本身的艺术价值以外,也有更广泛的社会影响,提高公众的艺术素养。

3. 促进了演艺制造业

演艺设备、设施也是演艺产业的基础设施和保障,其目的是保障艺术作品的呈现。为保障演艺生产也需要其他产业,比如机械工业、轻工业和服务业的保障和配套。舞台设施、设备的制造属于机械工业;乐器、舞台灯和音响制造以及舞台服装生产属于轻工业;为了给观众提供愉悦的观演体验,演出场所还需要有相

1　中国旅游研究院. 预计2019年上半年国内旅游人数30.8亿人次同比增长8.8%［EB|OL］. http://www.199it.com/archives/929736.html

关的配套设施以及服务人员来创造良好消费环境；另外定期维护舞台设备，保证舞台顺利运行和演出安全是购买演艺设备的增值服务；同时，演艺与制造业深度融合，通过文化创意设计提升传统制造工艺，增加了制造业产品的文化内涵与附加值，并带动了相关产业的发展。

4. 推动国际联合制作

演艺产业具有促进跨文化交流，传播中国文化的作用。演艺产业促进了引进国际版权和输出版权，从而带动了国际文化交流，加强国内外优秀艺术机构的联合制作。剧目联合制作的主体是有合作关系的不同院团，客体是剧目本身，手段是通过科学管理体系进行艺术作品的制作。其直接成果是最后呈现在观众面前的剧目，而间接成果也包括版权、市场号召力和观众口碑、汲取的经验教训等[1]。中国国际演出剧院联盟，是一家集合了演出项目投资营销服务、演出运营及剧院管理等多方位的组织合作体。剧院联盟的成立整合剧院、剧团，专业化管理演出资源，联盟包括了演出场所演出团体、演艺集团、演出经纪公司、音乐唱片公司、艺人经纪公司、广告公司演出设备制作等公司，并提供版权、网络、票务等演出衍生行业服务，目前中国国际演出剧院联盟已经拥有国内外成员单位1 500多家，其中包括上海的人民大舞台、文化广场剧院管理公司、艺海剧院等。经过短短五年的发展，中国国际演出剧院联盟已经建立了国际演出项目交易平台与国际演出剧目专业营销平台。

1　陈龙.浅谈剧目联合制作［J］.戏剧之家,2016（3）:10-11.

　　获得版权使用权以后需要结合市场需求制作有价值、符合艺术审美的表演艺术作品,剧目从开始制作到孵化的全过程,即围绕艺术家的创作进行生产的演艺产业。如由上海京剧院、上海广播电视台、上海艺术电影联盟等联合推出的京剧《霸王别姬》展演和3D全景声京剧电影《霸王别姬》献映活动在美国纽约举办。此次活动将京剧艺术和科技相结合,对中国文化"走出去"做出了积极的探索和实践,开创了中国经典艺术"走出去"的新模式,强化了传播力,扩大了影响力。中国文化"走出去"任重道远,成功的经验启示我们,要实现中国文化"走出去",向世界讲好中国故事,就必须让中国文化走进国际主流社会,就要通过创新、丰富传播手段和方式来实现从"推动"向"打动"的转变,使中国文化"走出去"不断取得实效[1]。

　　5. 演艺产业创造了丰富职业岗位

　　演艺产业发展提供了丰富多样的就业岗位,包括核心艺术创作团队如导演、表演艺术人才、舞美设计师、灯光师、摄影师、服装设计师等,也带动了演艺运营管理、演艺软件开发师、演艺营销策划师、演艺经纪人、形象设计师、化妆师、制作人、经理人员、设计师等的教育、培训专业需求。还有间接产生的工作岗位如剧院餐饮、舞台机械技工等,促进了人才培育从旧机制向新机制转化。演艺人才的培养与管理机制正朝着国际化、科技化、现代化管理培训转化。

　　综上论述,演艺产业推动了旅游演艺产业的发展,从而带动

1　王克耀. 京剧《霸王别姬》在纽约受追捧［N］. 中国文化报,2017-10-31.

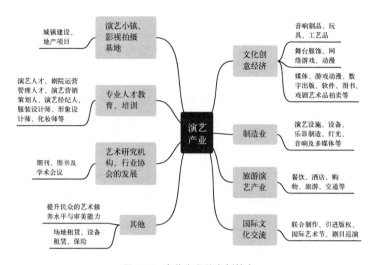

图 3-2 演艺产业的旁侧效应

了相关产业：餐饮、酒店、购物、休闲、交通、地产等；推动了文化创意产业的相关行业发展：音像制品、玩具、工艺品、舞台服饰、动漫媒体、游戏动漫、数字出版软件、图书、戏剧艺术品拍卖等发展；演艺产业推动了演艺设施、设备、乐器制造、灯光、音响及多媒体等产业的发展；影视拍摄基地、演艺小镇推动了城镇建设；联合制作、版权引进、国际艺术节、剧目巡演推动了国际文化交流；同时，演艺产业的发展也促进了演艺人才培养、艺术研究机构、行业协会的发展；并且催生场地租赁、设备租赁、保险等行业的发展等；从而带来了社会经济的发展。

（三）演艺产业的前向效应

在产业经济学中，前向效应是指一个产业在生产、产值、技术等方面的变化会引起其向前关联的部门在这些方面的变化。即一方面，演艺产业的发展变化导致对新技术、新产业部门的需求；另一方面，演艺产业的发展为科技、传播、舞台机械制造等产业提供了更多的相关业务，而这些业务大多数是由专业机构完成的，实现了演艺产业实现方式多元化和价值链扩展，也这说明了演艺产业有较大的发展空间。

科技的发展为演艺创作提供了更多表现形式，营造想象意境，为艺术创造提供了无限可能，运用科技手段改造提升传统演艺，同时，通过创意设计促进科技成果产业化转化。新媒介艺术的发展延伸了人类的感官功能，启发了科学家、设计师的思维，为技术的创新注入更多的灵感和活力。如人工智能、信息技术、虚拟现实等现代化技术手段被开发应用于舞台、实景、影视。如人工智能伴奏、自动化演出、语音交互、声音模仿的人工智能；沉浸式演出形式、加上虚拟主持人、VR|AR|MR的虚拟现实；互联网让剧院现场直播、在线演出成为现实；大数据将为演艺装备操作维护提供数据、演出场所的标准化管理、演出团体的标准化管理、政府主管部门的决策支撑提供保障；5G+VR/AR共享平台、3D全息技术、大型多媒体、舞台飞行器等舞台新技术为观众提供了全新的体验；社会资本与演艺产业融合促进了演艺创作、艺术传播与资本之间的融合，考虑资本市场与演艺价值链更长久的合作。社会资本开始出现向具有品牌效应的演艺机构，做大做强了演艺产品。

演艺与健康产业的融合将会结出丰硕的果实。因为，健康正在成为人们的最重要的需求,音乐治疗、艺术疗法正在成为新的演艺新的方向。如现在已经出现了演艺与健康产业融合睡眠音乐会、艺术疗法等创新剧目。演艺与科技的融合创新也孕育出了创新经济,舞台和人工智能和虚拟现实等科技嫁接促进和带动了科技发展。如图3。

演艺产业每一个产业链要素在纵向发展的同时也在横向发展,每一个产业链单元都可以构成一条独立的产业链,且边界模糊。比如不少院线都从演出经纪的角色转变成为内容和服务的供给方。另外,舞台灯光、音响和乐器制造行业都自成一条研发、生产、销售,同时为音乐教育以及舞美咨询提供师资和产品服务。

三、演艺产业发展存在的问题

(一)国有艺术院团面临的困境

国有艺术院团作为引领国家文艺资源、社会主义文艺事业的重要组成部分,也是党和政府文艺工作的基本力量,其在艺术生产、公众教育和社会影响力方面发挥着重要作用。近几年,中国经济发展迅速,文化艺术也呈现出蓬勃发展的态势,人民群众对文化消费的需求也逐步上升。根据文化和旅游部国有艺术院团改革方针。国有艺术院团"五个一批",即"转制一批""整合一批""转化一批""撤销一批""保留一批"。在推进转企改制的同时,同城不同层级的同类国有文艺院团应予以合并,转制院团可跨区域、跨所有制进行兼并重组。

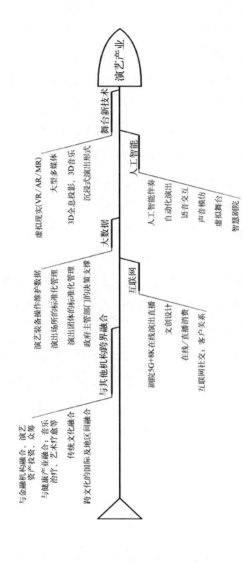

图 3-3 演艺产业前向效应

可见,国家对文艺事业也给予高度重视和支持,在此背景下,国有艺术院团的发展机遇和挑战并存。如何让国有艺术院团可持续、健康发展,不仅能满足人民群众精神文化需求,同时艺术和文化产业的蓬勃发展也有助于城市繁荣、带动其他产业发展,这是演艺智库需要解决的一个难题。

自从文化和旅游部2009年、2010年分别发布《关于深化国有文艺演出院团体制改革的若干意见》《关于报送全国国有文艺院团基本情况和改革进展情况的通知》,国有艺术院团开始了转企改制的历程。在转企改制的10年历程中,全国2000多家国有艺术院团虽然快速发展,但也面临一些问题。由于中国幅员辽阔,人口众多,区域发展不平衡。比如东、中、西部地区的国有艺术院团的发展水平也是参差不齐;全国省、市、县一级的院团发展也存在差异。其最根本问题就是对院团定位不清,对院团的运营模式和管理机制没有清晰界定。

2018年10月,文化和旅游部在上海召开的推动国有文艺院团深化改革加快发展座谈会,体现出国有艺术院团随地区、层级高低呈现发展严重不平衡、不充分的现状。全国东、中、西部地区各有6个省,共18个省文化主管部门领导及代表性院团长的谈话中提及人才、财政投入和场地设施是当前国有艺术院团面临的三大最棘手的问题,而对国有艺术院团的战略、运营管理讨论较少。2021年6月,中共中央办公厅 国务院办公厅印发《关于深化国有文艺院团改革的意见》对国有艺术院团具体工作提出4个工作原则,提出主要目标中涉及增加高质量剧本数量,多样态发展剧目类型，还要合理布局剧场、还要注重人才的可持续发展，从而巩固和发挥国有文艺院团舞台艺术创作生产的主导地位和引领作用[1]。

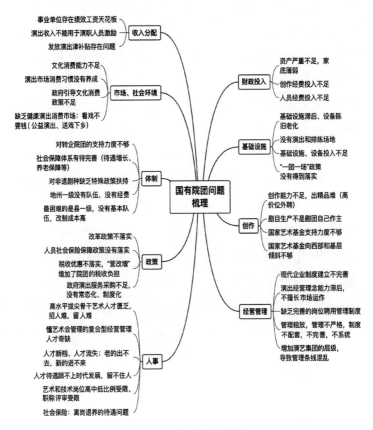

图 3-4　国有院团问题梳理

1　中共中央办公厅，国务院办公厅印发《关于深化国有文艺院团改革的意见，中国经济周刊》[EB|OL]. https://baijiahao.baidu.com/s?id=17019605054604 74020&wfr=spider&for=pc，2021-6-8.

学术界对国有院团的研究已经持续10年,可是目前学界没有真正深入国有艺术院团研究,特别是结合国有艺术院团区域分布,发展规律、政策实施、运营模式、管理对策等方面的研究都还比较少见。现有对国有艺术院团的研究也仅限于对文献梳理,泛泛而谈。没有针对性提出分地区、分层级的解决方案。演艺智库可以根据国有文艺院团的不同性质和功能,研究要从不同维度去衡量国有艺术院团改革任务。演艺智库从实践出发,综合理论和实践,重点从国有艺术院团的问题出发。研究国有艺术院团的运营和管理机制。结合每个地区的地域特点和经济发展水平,对全国2 000多家的国有院团遇到的困难问题进行分类梳理。在理论上还有待于进行概念界定,理论体系的构建,此外,对国有院团发展趋势等方面也缺少研究。所以,演艺智库将从国内一线获得国家艺术院团的一手材料、对现有研究成果进行梳理、并结合国内外优秀的行业经验进行对比研究。在社会主义发展框架下,构建国有艺术院团梳理运行、管理机制、问题成因运,提出解决对策。为学术界、行业提供一定的参考与借鉴。

(二)疫情影响下,演艺产业面临的冲击

2020年初始,新冠疫情在人们猝不及防的情况下爆发,全球艺术机构都不同程度受到影响,全球知名艺术机构贴出暂停对公众开放的通告,剧院、影院也相继按下了暂停键。纽约大都会歌剧院也通知从2020年3月12日起,因不可抗力条款提前结束了歌剧院管弦乐团和合唱团的音乐家的聘期。英国经典音乐剧《歌

剧魅影》也将停止在伦敦西区的驻场演出。受疫情影响，全球观众因不能进行线下观演，转至线上观演，很多小剧场因此无以为继。但随着国内疫情得到有效控制，国内艺术机构和影院也在2020年7月下旬陆续开放，但考虑到观众观演信心有待重建，艺术机构如何运用会员制营销争取让会员安全安心观演的同时，又保证艺术机构的利益，这是值得研究的问题。疫情导致的各种不确定因素长期存在。这都促使业界、学界不得不思考线下演艺机构在当今世界所面临的境况、发展趋势及前景。

虚拟现实与增强现实技术的发展。虚拟现实从实验室走向大众生活的时间并不久，2016年以技术装备的商业化制作为标志，使虚拟技术真正步入了大众娱乐消费的行列。特别是价格低廉的VR眼镜与手机移动终端的融合使得3D效果和虚拟现实不再局限于影院剧场空间。增强现实是一种将真实世界信息和虚拟世界信息"无缝"集成的新技术，把现实世界中一定时空范围内的包括视觉、声音、味觉、触觉等信息，通过电脑等科学技术，模拟仿真后再叠加应用到真实世界，被人类感官所感知，从而达到超越现实的感官体验。基于移动终端的增强现实的穿戴设备主要通过语音或者手势来实施交互。随着移动终端硬件性能的不断提升、开发成本的持续下降使智能手机成为一个最为普及的手持式移动增强现实的载体，为人们的生活娱乐等带来极大的便捷和乐趣[1]。

---

1 王峥.移动增强现实技术在现代博物馆当中的运用研究[J].南京艺术学院学报（美术与设计），2020，（05）：180-182.

5G及云计算等技术的快速发展。短视频、虚拟现实以及增强现实技术的发展需要强有力的底层技术的支撑,而5G和云计算的快速发展将为相关产业、各种应用提供技术支撑。5G通信技术具有高速率、低延迟和大容量的技术特性[1],随着5G技术逐渐落地实施,对超高清、超强时互动性的智能化视听内容生产与传播带来根本性的支撑,必将触发视听内容生产与传播的革命性变化。云计算是依托互联网出现的一种计算方式,其核心是将大量计算机资源协调管理使用,用户通过网络就可以获取到无限的资源且不受时间和空间的限制。对音频、视频制作来说,云计算能够节约大量的人力、物力和财力。成本的降低和计算资源获取的便利将对影视制作起到巨大的促进作用。

短视频行业的快速发展。根据《2020中国网络视听发展研究报告》显示,2019年短视频市场规模为1 302.4亿元,占泛短视频行业的快速发展。根据《2020中国网络视听发展研究报告》显示,2019年短视频市场规模为1 302.4亿元,占泛网络视听产业市场的29%[2]。从社会需求看,短视频是近年发展最快的新媒体之一。据统计,2016年到2019年我国短视频用户从1.53亿增长到6.5亿,年均增长近1.7亿[3]。短视频已经深度介入民众的日常生活,

---

1　苏涛,彭兰.热点与趋势:技术逻辑导向下的媒介生态变革——2019年新媒体研究述评[J].国际新闻界,2020(1):43-63.

2　《2020中国网络视听发展研究报告》六个核心发现[EB/OL].[2020-12-18].https://tech.qq.com/a/20201012/022017.html

3　王晓红.短视频助力深度融合的关键机制——以融合出版为视角[J].现代出版,2020(1):54-58.

对满足网民的情感表达、自我展示、娱乐等需求提供了便捷的平台。从经济角度看,短视频行业与其他行业的融合发展在加速,应用场景进一步增加,各行业都在探索或已经利用短视频平台进行各种创新活动。随着短视频从增量市场向存量市场的转变,短视频行业已经开始向高质量发展的阶段迈进。短视频行业已经形成了多元化的生态体系,未来仍有很大的发展空间,在可预见的未来,短视频与民众生活的关系将日益紧密。网络视听产业市场的29%。[1]从社会需求看,短视频是近年发展最快的新媒体之一。据统计,2016年到2019年我国短视频用户从1.53亿增长到6.5亿,年均增长近1.7亿[2]。短视频已经深度介入民众的日常生活,对满足网民的情感表达、自我展示、娱乐等需求提供了便捷的平台。从经济角度看,短视频行业与其他行业的融合发展在加速,应用场景进一步增加,各行业都在探索或已经利用短视频平台进行各种创新活动。随着短视频从增量市场向存量市场的转变,短视频行业已经开始向高质量发展的阶段迈进。短视频行业已经形成了多元化的生态体系,未来仍有很大的发展空间,在可预见的未来,短视频与民众生活的关系将日益紧密。

在演艺产业面临冲击的背景下,演艺智库的出现能帮助演艺产业走出困境,更好协调线上、线下演艺资源,为可持续的艺术创

---

1 《2020中国网络视听发展研究报告》六个核心发现[EB/OL].[2020-12-18].https://tech.qq.com/a/20201012/022017.html

2 王晓红.短视频助力深度融合的关键机制——以融合出版为视角[J].现代出版,2020(1):54-58.

作提供资源及策划辅助。

（三）剧院规划、运营面临的难题

国内从2000年开始兴起了建剧院潮,但对剧院前期规划还存在一些问题。比如很多剧院存在"建、管、用"分家,一些不合理规划导致剧院存在很多管理和使用难题,也有一些老旧剧院因硬件问题闲置,利用率低的问题,目前全国的剧院发展还存在地方差异,如何针对不同地方特色为剧院的发展制定专属的发展规划,能使这些投入上亿的公共资源得到很好利用,还需要进一步探讨。

相较于剧院的规划,剧院的运营管理问题也是需要关注的领域。目前我国剧院软件配备也相对滞后,普遍存在定位模糊、模式单一、业态低下,一些剧院经营惨淡和院团处于割裂状态的问题也尚待解决。从运营管理剧院的演出场次、剧目的上座率、剧院的经济收入以及剧院的文化影响力是剧院管理者关注的主要问题。制定剧院发展规划、安排丰富的演出作品、努力获取资金支持、有效降低经营风险、加强规范化管理、注重观众培养和观众服务、加强公共关系管理[1]等这些方面都需要专业的规划。

目前,新型演艺空间的兴起,也为演艺空间增添了新的活力,但这些演艺空间的数量统计及发展状况仍然是"盲区",其发展

1　马述智.剧院经营策略初探[J].戏剧(中央戏剧学院学报)2020(04):132-145.

也需要正确的价值引领。

综上,剧院的规划、运营管理难题及新型演艺空间的出现,都需要演艺智库给出管理咨询建议与决策参考依据。演艺机构的发展应该建立在科学论证,精准定位,创意策划,人性化管理的基础之上。

第四章 —— 中国演艺智库构建
与运营模式创新实
证研究

一、被调查者的人口统计学分析

根据中国演出行业协会发布《2018中国演出市场年度报告》数据显示,2018年演出市场总体规模已达到514.11亿元[1]。但受新冠疫情冲击,演艺产业也面临前所未有的挑战,根据中国演出行业协会的初步统计,2020年中国演出的市场规模超过250亿元,同比降低大约56%;票房收入大约54亿,同比降低大约70%。根据不完全统计,2020年1—3月,全国已取消或延期的演出近2万场,直接票房损失已超过20亿元[2]。可见,中国演艺产业在面临新生代消费群体带来红利的同时,又面临新的各种挑战与问题,因而新型演艺智库的建立在一定程度上可为规范化演艺市场,为演艺机构的发展提供更明确的发展方向与管理对策的基础之上。

在此背景下,本项研究开展了中国演艺智库发展前景的问卷调研,旨在通过建立与运营中国演艺智库,为当下演艺行业提供政策导向与管理咨询,同时为各地区的演艺行业勾画出清晰的图景,通过对投资环境、细分市场、经济发展环境及对供需预测,提

1　中国日报网:去年中国演出市场规模超500亿,2019-07-25.

2　第3083期文化产业评论:年度盘点——演艺产业的主要矛盾与工作转向,腾讯新闻(qq.com).

供较为客观的数据分析,可为演艺行业市场风险及控制提供有效策略。

表4-1 Cronbach信度分析情况

项数	样本量	Cronbach α 系数
65	50	0.985

中国演艺智库的调查问卷采取分层抽样的调研方式,克隆巴赫系数为0.985,达到了0.7以上,说明问卷整体的内在一致性较好,具有较强的可靠性。

本项调研于2020年12月3日至31日,面向北京、上海、杭州及昆明的高校艺术类、文化产业类专业师生、演艺行业高管与一般从业人员、艺术研究机构等单位相关人员共回收230份问卷,有效问卷207份,有效回收率为90%,虽然问卷样本量不够大,但此次问卷采取分层抽样的调研方法,被调查者要有和演艺相关领域的工作经历以及从事艺术研究的背景。通过对文化、艺术行业从业者,演艺产业的管理者、从事多年演艺工作的研究者及文化产业、艺术学科相关的教师及研究生进行调查,并且在被调查者了解调研意图以及演艺智库的定义的基础上进行问卷答题,所以问卷的调研结果有一定参考意义。

从此次受访者的人口统计学分析如下:受访者的男性为82人,女性为125人,男女比例大约为4：6;从年龄分布看,67.15%的调查对象年龄在20—49岁,他们都是今后演艺产业及艺术学学科教学与科研领域的中坚力量,50—64岁区间的受访者大部分都是在此领域耕耘多年,在理论及实践领域都取得过突出成绩的资深专家,对艺术教学及艺术产业运作规律有其独到见解的引领者,其中有艺术学科教授、剧院管理者和演艺智库的创立者。

从受访者的职业分布来看,其中文化、艺术行业从业者99人,占比47.83%,艺术学科教师与专业研究人员占比为38.18%;企业家和公务员各占比为4.35%,选取和文化、艺术相关产业高管进行问卷调研,同样占比为4.35%的公务员是在宣传部及文化厅的领导与工作人员,对演艺智库的市场需求有一定了解,剩余的89.82%的受访者都是从事和艺术教育、研究和演艺产业相关的人员,其中5.31%的艺术专业研究生从事艺术管理及影视创作方向。受访者的受教育程度都是大学本科以上,有50%以上有硕士、博士研究生学历。

表 4-2　调查样本特征分布表

	变　量	人　数	百 分 比
性别	男	82	39.61%
	女	125	60.39%
年龄	19 岁以下	2	0.97%
	20—34 岁	82	39.61%

（续表）

	变　量	人　数	百　分　比
年龄	35—49 岁	57	27.54%
	50—64 岁	55	26.57%
	65 岁以上	11	5.31%
职业	文化、艺术行业一般从业人员	99	47.83%
	高校教师	65	31.40%
	公务员	14	4.35%
	文化、艺术机构研究人员	9	6.76%
	文化、艺术行业高管	9	4.35%
	艺术专业学生	11	5.31%

二、中国演艺智库构建与运营模式创新调研内容

本次调研内容主要包括五大方面，分别为：中国演艺智库建设环境因素、业界对中国演艺智库需求、艺术智库发展现状以及演艺智库提供产品现状与演艺智库的支撑体系。

表 4-3　变量说明表

变　　量	意　义　及　赋　值
重要程度	1 = 非常不重要； 2 = 不重要； 3 = 一般； 4 = 重要； 5 = 非常重要
实际感受	1 = 非常不好； 2 = 不好； 3 = 一般； 4 = 好； 5 = 非常好

（一）中国演艺智库构建与运营的外部环境

1. 演艺智库建设的政策环境

对于演艺智库建设的政策环境，43.48%的受访者认为非常重要，27.54%的受访者认为重要；对于演艺智库建设的政策环境的实际感受，42.03%的受访者感觉一般，21.26%的受访者感觉好，15.94%的受访者感觉不好。

表 4-4　演艺智库建设的政策环境访问数据

题目|选项	1	2	3	4	5
（低）重要程度（高）	7(3.38%)	12(5.8%)	41(19.81%)	57(27.54%)	90(43.48%)
（差）实际感（好）	12(5.8%)	33(15.94%)	87(42.03%)	44(21.26%)	31(14.98%)
小　计	19(4.59%)	45(10.87%)	128(30.92%)	101(24.4%)	121(29.23%)

2. 演艺智库建设的市场环境

对于演艺智库建设的市场环境,37.20%的受访者认为非常重要,33.33%的受访者认为重要;对于演艺智库建设的市场环境的实际感受,39.13%的受访者感觉一般,24.64%的受访者感觉好,18.84%的受访者感觉不好。

表 4-5 演艺智库建设的市场环境

题目|选项	1	2	3	4	5
(低)重要程度(高)	5(2.42%)	15(7.25%)	41(19.81%)	69(33.33%)	77(37.20%)
(差)实际感(好)	11(5.31%)	39(18.84%)	81(39.13%)	51(24.64%)	25(12.08%)
小　计	16(3.86%)	54(13.04%)	122(29.47%)	120(28.99%)	102(24.64%)

3. 演艺智库建设的社会文化环境

对于演艺智库建设的社会文化环境的,38.16%的受访者认为非常重要,36.23%的受访者认为重要;对于演艺智库建设的社会文化环境的实际感受,38.65%的受访者感觉一般,24.15%的受访者感觉好,16.91%的受访者感觉不好。

表 4-6 演艺智库建设的社会文化环境

题目|选项	1	2	3	4	5
(低)重要程度(高)	3(1.45%)	14(6.76%)	36(17.39%)	75(36.23%)	79(38.16%)

（续表）

题目｜选项	1	2	3	4	5
（差）实际感（好）	11(5.31%)	35(16.91%)	80(38.65%)	50(24.15%)	31(14.98%)
小　计	14(3.38%)	49(11.84%)	116(28.02%)	125(30.19%)	110(26.57%)

　　问卷基于受访者视角对演艺智库建设的必要性及对其未来发展的可能性进行调查。问卷内容包括演艺行业市场环境、业界对演艺智库的需求、演艺智库的发展路径、演艺智库提供的产品现状，以及演艺智库支撑体系及探索演艺智库的建设前景及必要性等层面。受访者普遍认为演艺智库的发展在政策、市场、社会文化层面的重要程度为重要或非常重要，从演艺智库的政策环境来看，73.02%的受访者认为政策环境对演艺产业发展为重要及非常重要；从演艺智库的市场环境来看，70.53%的受访者认为市场环境对演艺智库的发展为重要及非常重要；从演艺智库的社会文化环境来看，74.39%的受访者认为社会文化环境对演艺智库的发展为重要及非常重要，但相比重要程度，从实际感受来看大部分受访者较为中立，42.03%、39.13%、38.65%的受访者认为外部环境，即：政策环境、市场环境及社会文化环境对演艺智库发展的并没有发挥积极促进作用，也就是说超过70%受访者认为外部环境，即政策环境，市场环境以及社会文化环境对演艺智库的发展过程中起到重要及非常重要的作用，但现实情况是外部环境并没为演艺智库的发展提供更多"优待"条件。

（二）行业对中国演艺智库需求

1. 演艺智库现有用户需求和潜在用户需求量

从下表看出演艺智库的用户需求量和潜在用户需求量的重要程度都较高，其中有42.03%及27.05%的受访者认为演艺智库的用户需求量是"重要"和"非常重要"；另外27.05%和32.85%的受访者认为演艺智库的用户需求量及潜在用户需求量非常重要。41.06%和34.3%的受访者对演艺智库潜在的客户需求量和潜在用户需求量的实际感受持中立态度，44.93%及32.85%的受访者认为潜在客户群体对演艺智库的需求量的重要程度是重要及非常重要，而实际感受则未达到预期。

表4-7　演艺智库现有用户需求量

题目|选项	1	2	3	4	5
（低）重要程度（高）	4(1.93%)	10(4.83%)	50(24.15%)	87(42.03%)	56(27.05%)
（差）实际感（好）	6(2.9%)	41(19.81%)	85(41.06%)	54(26.09%)	21(10.14%)
小　计	10(2.42%)	51(12.32%)	135(32.61%)	141(34.06%)	77(18.6%)

表4-8　演艺智库潜在用户需求量

题目|选项	1	2	3	4	5
（低）重要程度（高）	2(0.97%)	12(5.8%)	32(15.46%)	93(44.93%)	68(32.85%)

（续表）

题目 | 选项	1	2	3	4	5
（差）实际感（好）	7(3.38%)	35(16.91%)	71(34.3%)	63(30.43%)	31(14.98%)
小　计	9(2.17%)	47(11.35%)	103(24.88%)	156(37.68%)	99(23.91%)

2. 演艺智库有广阔的发展前景

从演艺智库有广阔的发展前景的重要程度看，53.14%的受访者认为演艺智库有广阔的发展前景非常重要，33.82%的受访者认为演艺智库有广阔的发展前景重要，对于目前演艺产业的发展情况而言，32.37%的受访者保持中立，30.92%及21.26%的受访者认为演艺产业发展是朝良好的方向发展。因此，对于演艺智库的未来建设还有发展空间。

表4-9　演艺智库有广阔的发展前景

题目 | 选项	1	2	3	4	5
（低）重要程度（高）	3(1.45%)	6(2.9%)	18(8.7%)	70(33.82%)	110(53.14%)
（差）实际感（好）	7(3.38%)	25(12.08%)	67(32.37%)	64(30.92%)	44(21.26%)
小　计	10(2.42%)	31(7.49%)	85(20.53%)	134(32.37%)	154(37.2%)

（三）演艺智库发展路径

1. 艺术研究机构更多参与政策制定

中国的艺术研究院基本都是研究为主，如各省都有艺术研究所或研究中心,但也有集艺术教育、艺术创作和科研为一体,并发挥智库功能的艺术研究院,如中国艺术研究院,其为文旅部直属的国家级综合性的学术机构,从2006年创刊,每年会出《中国艺术研究院年报》呈现中国艺术研究院年度各项工作情况。

我国艺术研究机构在政策制定中的重要程度认为重要的有41.55%,37.2%的受访者认为非常重要,15.46%的受访者保持中立,可见,近80%的受访者认为在制定艺术研究机构为决策制定起到重要的作用。对于艺术研究院发挥政策制定的实际感受是38.65%的受访者保持中立,39.13%的受访者认为艺术研究院在参与政策制定起到了积极作用。

表4-10　艺术研究机构更多参与政策制定

题目|选项	1	2	3	4	5
(低)重要程度(高)	6(2.9%)	6(2.9%)	32(15.46%)	86(41.55%)	77(37.2%)
(差)实际感(好)	13(6.28%)	33(15.94%)	80(38.65%)	55(26.57%)	26(12.56%)
小　计	19(4.59%)	39(9.42%)	112(27.05%)	141(34.06%)	103(24.88%)

2. 演艺智库为演艺机构提供业务咨询

在为演艺机构提供咨询的重要程度方面,80.68%的受访者认为演艺智库为演艺机构提供建议或咨询方面起着积极的作用;而实际感受则是17.39%的受访者认为演艺智库为演艺机构并没有充分发挥咨询功能,而34.78%的受访者对于演艺智库为演艺机构提供咨询的实际感受为中立,41.55%的受访者对实际感受则比较乐观,认为演艺智库发挥了其咨询功能。

表 4-11 演艺智库为演艺机构提供业务咨询

题目|选项	1	2	3	4	5
(低)重要程度(高)	4(1.93%)	9(4.35%)	27(13.04%)	81(39.13%)	86(41.55%)
(差)实际感(好)	13(6.28%)	36(17.39%)	72(34.78%)	58(28.02%)	28(13.53%)
小 计	17(4.11%)	45(10.87%)	99(23.91%)	139(33.57%)	114(27.54%)

3. 演艺行业协会发挥更多智库职能

从演艺行业协会发挥更多智库职能的重要程度来看,大部分受访者认为演艺行业协会发挥更多智库职能至关重要,但是只有15.26%的受访者对于演艺行业协会发挥更多智库职能感受非常好,说明演艺行业协会在智库职能方面仍存在较大的进步空间。

表 4-12 演艺行业协会发挥更多智库职能

题目|选项	1	2	3	4	5
(低)重要程度(高)	1(0.48%)	13(6.28%)	29(14.01%)	85(41.06%)	79(38.16%)
(差)实际感(好)	16(7.73%)	41(19.81%)	68(32.85%)	50(24.15%)	32(15.46%)
小 计	17(4.11%)	54(13.04%)	97(23.43%)	135(32.61%)	111(26.81%)

4. 整合演艺行业资源

演艺智库在整合资源方面，可以为更多演艺机构和资源平台提供服务，合理进行资源配置，让更多演艺机构找到细分化市场；也有利于政府针对不同地区的各类演艺行业出台更精准的政策，从而让更多演艺机构获益。从整合演艺行业资源来看，31.88%及49.76%的受访者认为其起了重要甚至非常重要的作用，20.29%的受访者认为演艺智库发并没发挥有效的资源整合力，另外36.71%的受访者表示中立。

表4-13　整合演艺行业资源

题目|选项	1	2	3	4	5
（低）重要程度（高）	3(1.45%)	6(2.9%)	29(14.01%)	66(31.88%)	103(49.76%)
（差）实际感（好）	14(6.76%)	42(20.29%)	76(36.71%)	45(21.74%)	30(14.49%)
小　计	17(4.11%)	48(11.59%)	105(25.36%)	111(26.81%)	133(32.13%)

5. 吸纳多元化的智库人才

无论什么类型的智库，都依靠吸引人才，发展自己的智囊。演艺智库的建设和发展也不例外，加强人才建设，才能稳固发展智库。艺术是一个多工种协作的艺术，需要多元化人才的加入来为演艺产业的发展注入活力。从本次问卷调研得出：58.45%的受访者认为演艺智库的人才建设起到关键及重要的作用，对于演艺智库人才建设的现实感受32.37%的受访者保持中立,18.36%的受访者认为演艺智库的人才建设做得还不够,另外,42.51%的受访者则对目前演艺智库人才建设感到较好或满意。

表4-14　吸纳多元化的智库人才

题目|选项	1	2	3	4	5
(低)重要程度(高)	2(0.97%)	7(3.38%)	21(10.14%)	56(27.05%)	121(58.45%)
(差)实际感(好)	14(6.76%)	38(18.36%)	67(32.37%)	51(24.64%)	37(17.87%)
小　计	16(3.86%)	45(10.87%)	88(21.26%)	107(25.85%)	158(38.16%)

6. 政府给予演艺智库更多发展空间

演艺智库的发展需要政府给予更多发展空间,也需要资金支持。一般来说,智库的资金资助有三种形式:由政府全全或部分资助;或是和私人就某一项目签订合同;或以基金会资助方式,但资助方不干涉智库研究课题[1]。83.58%的受访者认为政府给予演艺智库发展空间为重要及非常重要,在实际感受中38.16%的受访者持中立态度,16.43%的受访者认为政府没有给予演艺智库足够的发展空间,另外41.07%的受访者认为政府给予了演艺智库良好的发展空间。

1　Andrew Rich, Janes McGann and etc, Think Thanks in Policy Making -Do They Matter? Friedrich Ebert Stiftung, Sept. 2011, p5.

表 4-15 政府给予演艺智库更多发展空间

题目|选项	1	2	3	4	5
（低）重要 程度（高）	3(1.45%)	3(1.45%)	28(13.53%)	67(32.37%)	106(51.21%)
（差）实际 感（好）	9(4.35%)	34(16.43%)	79(38.16%)	54(26.09%)	31(14.98%)
小　计	12(2.9%)	37(8.94%)	107(25.85%)	121(29.23%)	137(33.09%)

7. 高校培养演艺管理及科研人才

从高校培养演艺管理及科研人才方面看，83.57%的受访者认为高校作为演艺智库人才输入的重要基地认可度比较高；但对于实际感受而言，37.2%的受访者对高校作为演艺管理层及科研人才的感受为中立，17.87%的受访者认为高校在为艺术机构输送管理人才方面并没有达到理想的效果，39.13%的受访者对于高校在输送演艺管理和科研人才的表现优秀。高校作为培养艺术管理及科研人才的训练营，也可作为演艺智库的人才预备库，在上文已提过演艺智库对人才的要求较高，需要在实践及理论层面都有较为深厚的功底因此，高校教师及研究院或综合能力较强的研究生可胜任。

表 4-16 高校培养演艺管理及科研人才

题目|选项	1	2	3	4	5
（低）重要 程度（高）	4(1.93%)	9(4.35%)	21(10.14%)	65(31.4%)	108(52.17%)

（续表）

题目│选项	1	2	3	4	5
（差）实际感（好）	12(5.8%)	37(17.87%)	77(37.2%)	50(24.15%)	31(14.98%)
小　计	16(3.86%)	46(11.11%)	98(23.67%)	115(27.78%)	139(33.57%)

8. 制定衡量智库的标准：出版物、内参、媒体引用、网络点击量等

根据中国的实际国情及结合演艺智库的特征，列出了以下几项衡量智库影响力的指标项：举办论坛次数、发布行业报告、出版物、引用次数、网络点击量。出版物、内参、媒体引用及网络点击量也是反映智库参与活跃程度及影响力的其他衡量指标，78.26%的受访者认为这些衡量演艺智库影响力的指标是重要及非常重要的，而在现实中，22.22%的受访者认为演艺智库没有切实履行能体现其影响力的指标，35.27%的受访者保持中立，38.16%的受访者认为演艺智库在履行这些指标中表现良好。

表 4-17　制定衡量智库的标准：出版物、内参、媒体引用、网络点击量

题目│选项	1	2	3	4	5
（低）重要程度（高）	2(0.97%)	9(4.35%)	34(16.43%)	82(39.61%)	80(38.65%)
（差）实际感（好）	9(4.35%)	46(22.22%)	73(35.27%)	50(24.15%)	29(14.01%)
小　计	11(2.66%)	55(13.29%)	107(25.85%)	132(31.88%)	109(26.33%)

9. 定期举行行业论坛,发布行业报告

从受访者回答看出,80.67%的受访者认为对于定期举办行业论坛和发布报告对于演艺智库重要程度为重要及非常重要,对于演艺智库举办论坛和发布行业报告的实际感受而言,仅有16.43%的受访者认为演艺智库做得非常好;41.55%的受访者保持中立,另外18.84%认为演艺智库并没有很好完成发布行业论坛及报告的使命。

表4-18　定期举行行业论坛,发布行业报告

题目|选项	1	2	3	4	5
(低)重要程度(高)	2(0.97%)	7(3.38%)	31(14.98%)	85(41.06%)	82(39.61%)
(差)实际感(好)	8(3.86%)	39(18.84%)	86(41.55%)	40(19.32%)	34(16.43%)
小　计	10(2.42%)	46(11.11%)	117(28.26%)	125(30.19%)	116(28.02%)

10. 演艺智库的市场化运营模式

对于演艺智库的市场化运营模式,43.48%的受访者认为其重要,甚至有37.20%的受访者认为其非常重要;而仅有14.01%的受访者认为演艺智库的市场化运营模式表现非常好,37.68%的受访者感受一般。可见,演艺智库品牌在没有深度市场化运营的前提下,并没有得到良好的发展,目前国内除了知名高校和政府资助下的智库比较有品牌效应,靠市场化运营的智库品牌并没有形

成市场规模。

表 4-19　演艺智库的市场化运营模式

题目|选项	1	2	3	4	5
（低）重要程度（高）	3(1.45%)	5(2.42%)	32(15.46%)	90(43.48%)	77(37.20%)
（差）实际感（好）	11(5.31%)	41(19.81%)	78(37.68%)	48(23.19%)	29(14.01%)
小　计	14(3.38%)	46(11.11%)	110(26.57%)	138(33.33%)	106(25.6%)

（四）演艺智库提供产品特征

演艺智库产品可以是上述所说的一些衡量指标，也可为艺术机构运营管理提供咨询、为演艺机构的建设进行总体规划，或是针对政府的课题进行调研。演艺智库的产品有较强的可操作性，针对某一特定领域进行深度调研，为演艺机构的未来发展排除障碍，增加更多确定性。针对演艺产品特征从时效性、科学性、创新性、学术影响力这几方面进行考察。

1. 智库产品科学性

41.06%的受访者认为演艺智库产品的科学性重要，甚至37.2%的受访者认为其非常重要；而从演艺智库产品的科学性的实际感受来看，38.65%的受访者感觉一般，21.74%的受访者感觉不好，仅有11.59%的受访者感觉非常好。

表 4-20　智库产品科学性

题目|选项	1	2	3	4	5
（低）重要程度（高）	2(0.97%)	10(4.83%)	33(15.94%)	85(41.06%)	77(37.2%)
（差）实际感（好）	7(3.38%)	45(21.74%)	80(38.65%)	51(24.64%)	24(11.59%)
小　计	9(2.17%)	55(13.29%)	113(27.29%)	136(32.85%)	101(24.4%)

2. 演艺智库产品时效性

对于演艺智库产品时效性，37.68%的受访者认为其非常重要，35.75%的受访者认为其重要；从演艺智库产品时效性实际感受来看，37.2%的受访者感觉一般，甚至18.84%的受访者感觉不好，仅有14.49%的受访者感觉非常好。

表 4-21　智库产品时效性

题目|选项	1	2	3	4	5
（低）重要程度（高）	0(0%)	14(6.76%)	41(19.81%)	74(35.75%)	78(37.68%)
（差）实际感（好）	11(5.31%)	39(18.84%)	77(37.2%)	50(24.15%)	30(14.49%)
小　计	11(2.66%)	53(12.8%)	118(28.5%)	124(29.95%)	108(26.09%)

3. 演艺智库产品创新性

对于演艺智库产品创新性，45.89%的受访者认为其非常重要，

31.88%的受访者认为其重要；从演艺智库产品创新性实际感受方面来看，36.71%的受访者感觉一般，仅有15.46%的受访者感觉非常好。

表4-22　演艺智库产品创新性

题目│选项	1	2	3	4	5
（低）重要程度（高）	3(1.45%)	13(6.28%)	30(14.49%)	66(31.88%)	95(45.89%)
（差）实际感（好）	15(7.25%)	41(19.81%)	76(36.71%)	43(20.77%)	32(15.46%)
小　计	18(4.35%)	54(13.04%)	106(25.6%)	109(26.33%)	127(30.68%)

4. 演艺智库产品转化的社会效益

对于演艺智库产品转化的社会效益，43%的受访者认为其非常重要，33.33%的受访者认为其重要；从演艺智库产品转化的社会效益实际感受方面来看，38.16%的受访者感觉一般，20.29%的受访者感觉不好，仅有12.08%的受访者感觉非常好。

表4-23　演艺智库产品转化的社会效益

题目│选项	1	2	3	4	5
（低）重要程度（高）	2(0.97%)	12(5.8%)	35(16.91%)	69(33.33%)	89(43%)
（差）实际感（好）	16(7.73%)	42(20.29%)	79(38.16%)	45(21.74%)	25(12.08%)
小　计	18(4.35%)	54(13.04%)	114(27.54%)	114(27.54%)	114(27.54%)

5. 演艺智库产品转化的经济效益

对于演艺智库产品转化的经济效益,39.61%的受访者认为其非常重要,34.78%的受访者认为其重要;从演艺智库产品转化的经济效益实际感受方面来看,36.71%的受访者感觉一般,17.87%的受访者感觉不好,仅有14.01%的受访者感觉非常好。

表 4-24　智库产品转化的经济效益

题目|选项	1	2	3	4	5
(低)重要程度(高)	2(0.97%)	10(4.83%)	41(19.81%)	72(34.78%)	82(39.61%)
(差)实际感(好)	15(7.25%)	37(17.87%)	76(36.71%)	50(24.15%)	29(14.01%)
小　计	17(4.11%)	47(11.35%)	117(28.26%)	122(29.47%)	111(26.81%)

6. 演艺智库产品的政策影响力

对于演艺智库产品的政策影响力,36.23%的受访者认为其非常重要,36.71%的受访者认为其重要;从演艺智库产品的政策影响力实际感受方面看,39.13%的受访者感觉一般,15.94%的受访者感觉不好,仅有13.04%的受访者感觉非常好。

表 4-25　演艺智库产品的政策影响力

题目|选项	1	2	3	4	5
(低)重要程度(高)	4(1.93%)	10(4.83%)	42(20.29%)	76(36.71%)	75(36.23%)

（续表）

题目|选项	1	2	3	4	5
（差）实际感（好）	17(8.21%)	33(15.94%)	81(39.13%)	49(23.67%)	27(13.04%)
小　计	21(5.07%)	43(10.39%)	123(29.71%)	125(30.19%)	102(24.64%)

7. 演艺智库产品的社会影响力

对于演艺智库产品的社会影响力，41.06%的受访者认为其非常重要，38.65%的受访者认为其重要；从演艺智库产品的社会影响力实际感受方面看，31.40%的受访者感觉一般，24.15%的受访者感觉不好，仅有13.53%的受访者感觉非常好。

表 4-26　演艺智库产品的社会影响力

题目|选项	1	2	3	4	5
（低）重要程度（高）	2(0.97%)	9(4.35%)	31(14.98%)	80(38.65%)	85(41.06%)
（差）实际感（好）	7(3.38%)	50(24.15%)	65(31.40%)	57(27.54%)	28(13.53%)
小　计	9(2.17%)	59(14.25%)	96(23.19%)	137(33.09%)	113(27.29%)

8. 演艺智库产品国际影响力

对于演艺智库产品的国际影响力，40.58%的受访者认为其非常重要，37.20%的受访者认为其重要；从演艺智库产品的国际影响力实际感受方面看，34.30%的受访者感觉一般，24.15%的受访者感觉不好,仅有13.04%的受访者感觉非常好。

表4-27 演艺智库产品的国际影响力

题目|选项	1	2	3	4	5
(低)重要 程度(高)	4(1.93%)	10(4.83%)	32(15.46%)	77(37.20%)	84(40.58%)
(差)实际 感(好)	17(8.21%)	50(24.15%)	71(34.30%)	42(20.29%)	27(13.04%)
小　计	21(5.07%)	60(14.49%)	103(24.88%)	119(28.74%)	111(26.81%)

(五)演艺智库的支撑体系

对于演艺机构而言,资金支持、政策及技术支持是其生存的基石。

1. 资金资助

对于演艺智库资金资助,48.79%的受访者认为其非常重要,31.88%的受访者认为其重要;从演艺智库资金资助实际感受方面看,32.37%的受访者感觉一般,21.74%的受访者感觉不好,仅有15.94%的受访者感觉非常好。

表4-28 演艺智库资金资助

题目|选项	1	2	3	4	5
(低)重要 程度(高)	3(1.45%)	10(4.83%)	27(13.04%)	66(31.88%)	101(48.79%)

（续表）

题目|选项	1	2	3	4	5
（差）实际感（好）	9(4.35%)	45(21.74%)	67(32.37%)	53(25.60%)	33(15.94%)
小　计	12(2.9%)	55(13.29%)	94(22.71%)	119(28.74%)	134(32.37%)

2. 提供配套硬件

对于演艺智库配套硬件，39.61%的受访者认为其非常重要，35.75%的受访者认为其重要；从演艺智库配套硬件实际感受方面看，38.65%的受访者感觉一般，19.32%的受访者感觉不好，仅有15.46%的受访者感觉非常好。

表4-29　演艺智库配套硬件

题目|选项	1	2	3	4	5
（低）重要程度（高）	1(0.48%)	9(4.35%)	41(19.81%)	74(35.75%)	82(39.61%)
（差）实际感（好）	8(3.86%)	40(19.32%)	80(38.65%)	47(22.71%)	32(15.46%)
小　计	9(2.17%)	49(11.84%)	121(29.23%)	121(29.23%)	114(27.54%)

3. 演艺智库数据支撑

对于演艺智库数据支撑，46.38%的受访者认为其非常重要，32.37%的受访者认为其重要；从演艺智库数据支撑实际感受方面看，38.16%的受访者感觉一般，18.36%的受访者感觉不好，仅有16.43%的受访者感觉非常好。

表4-30　演艺智库数据支撑

题目｜选项	1	2	3	4	5
(低)重要程度(高)	3(1.45%)	8(3.86%)	33(15.94%)	67(32.37%)	96(46.38%)
(差)实际感(好)	12(5.8%)	38(18.36%)	79(38.16%)	44(21.26%)	34(16.43%)
小　计	15(3.62%)	46(11.11%)	112(27.05%)	111(26.81%)	130(31.4%)

4.演艺智库相关政策支持

对于演艺智库相关政策,42.51%的受访者认为其非常重要,38.16%的受访者认为重要;从演艺智库相关政策实际感受方面看,38.16%的受访者感觉一般,19.32%的受访者感觉不好,仅有15.94%的受访者感觉非常好。

表4-31　演艺智库相关政策支持

题目｜选项	1	2	3	4	5
(低)重要程度(高)	3(1.45%)	10(4.83%)	27(13.04%)	79(38.16%)	88(42.51%)
(差)实际感(好)	8(3.86%)	40(19.32%)	79(38.16%)	47(22.71%)	33(15.94%)
小　计	11(2.66%)	50(12.08%)	106(25.6%)	126(30.43%)	121(29.23%)

5. 发展立体化演艺智库生态

演艺智库在中国还是一个较新的概念,要发展立体化演艺智库生态不仅仅是要产业内部的各要素协作,也需要跨省市的合作,形成一个演绎智库全国性覆盖的网络。对于发展立体化演艺智库生态,40.10%的受访者认为其非常重要,40.10%的受访者认为其重要;从发展立体化演艺智库实际感受方面看,35.75%的受访者感觉一般,23.67%的受访者感觉不好,仅有12.08%的受访者感觉非常好。

表 4-32　发展立体化演艺智库生态

题目|选项	1	2	3	4	5
(低)重要 程度(高)	2(0.97%)	11(5.31%)	28(13.53%)	83(40.10%)	83(40.10%)
(差)实际 感(好)	12(5.8%)	49(23.67%)	74(35.75%)	47(22.71%)	25(12.08%)
小　计	14(3.38%)	60(14.49%)	102(24.64%)	130(31.4%)	108(26.09%)

6. 经营和打造演艺智库品牌

对于经营和打造演艺智库品牌,51.21%的受访者认为其非常重要,31.88%的受访者认为其重要;从经营和打造演艺智库品牌实际感受方面看,32.85%的受访者感觉一般,22.22%的受访者感觉不好,仅有13.53%的受访者感觉非常好。

表4-33　经营和打造演艺智库品牌

题目|选项	1	2	3	4	5
(低)重要程度(高)	3(1.45%)	7(3.38%)	25(12.08%)	66(31.88%)	106(51.21%)
(差)实际感(好)	20(9.66%)	46(22.22%)	68(32.85%)	45(21.74%)	28(13.53%)
小　计	23(5.56%)	53(12.8%)	93(22.46%)	111(26.81%)	134(32.37%)

7. 演艺智库的专家资源

对于演艺智库的专家资源,49.76%的受访者认为其非常重要,32.85%的受访者认为其重要;从演艺智库的专家资源实际感受方面看,40.58%的受访者感觉一般,17.87%的受访者感觉不好,仅有16.91%的受访者感觉非常好。

表4-34　演艺智库的专家资源

题目|选项	1	2	3	4	5
(低)重要程度(高)	3(1.45%)	5(2.42%)	28(13.53%)	68(32.85%)	103(49.76%)
(差)实际感(好)	10(4.83%)	37(17.87%)	84(40.58%)	41(19.81%)	35(16.91%)
小　计	13(3.14%)	42(10.14%)	112(27.05%)	109(26.33%)	138(33.33%)

三、结 论

总体而言,从中国演艺智库构建与运营模式创新重要程度来看,超过七成的被调查者从演艺智库构建与运营的外部环境、业界对中国演艺智库需求、演艺智库提供产品特征、演艺智库的支撑体系、演艺智库的未来发展模式方面的发展和作用的选择为"重要"及"非常重要",以上五个部分中从实际感受来看,超过三成的受访者选择中立,比如演艺智库的支撑体系从实际感受来看,认为资金、政策、专家和数据支撑选择"较差",平均值约为2。从重要程度和实际感受来看,大部分受访者对中国演艺智库的发展都重要性都给予肯定,但现实情况是中国演艺智库的发展仍面临诸多问题、考验和挑战,演艺智库的发展要首先条件是创造一个让演艺产业蓬勃发展的环境,只有演艺产业的繁荣才能让中国演艺智库形成一定规模的发展。

在演艺智库的创新方面,演艺智库并不能从迎合市场出发,而是要有独立的观点与见解,为演艺行业提供适应市场发展的有效措施。如今,"80后""90后"群体正在成为演艺市场的消费主力,这个群体的消费方式、消费意愿也在影响产品的创意和创新。市场在变化,演艺产业也正迎来发力期,"高质量,重体验"的演艺将是未来的发展趋势[1]。演唱会和"旅游+演艺"已成为演艺产业的重头戏,传统文化在传承中也面临危机,演艺智库能为

---

1 邱军.创意演艺:产业融合的催化剂[N].中国文化报,2019-04-17(3).

传统戏剧的文化传承做更多可实施方案,让其以多形态的演出形式,更好适应市场发展。同时也要联合教育机构、如高培育消费群体,此外,演艺智库也能为政府制定行之有效的演艺政策提供智力支持,演艺产业的相关政策也是基于演艺产业的现状制定的,制定有利于演艺市场发展的政策,需要演艺智库提供较为客观的数据、案例及分析,为政策制定与实践架起沟通的桥梁。

演艺智库在资源整合方面还有更多可作为之处,如建立数据平台,通过搭建资源平台,让演艺机构和艺术团体进行有效的资源对接,也可通过对每个地区的人口收入、消费群体细分,对市场政策的解读和剖析,为演艺机构、艺术团体能在有限的条件提供有效咨询,演艺机构、艺术团体形成资源互补,消费群体能有更多艺术享受。

对于演艺智库的人才建设吸纳多元化人才是关键,调查表明,艺术行业的管理者其实专业也很多元,有来自艺术学科,文学学科、社会学,还有法律或和管理类等相关专业人士,在了解艺术规律、艺术审美及市场规律、政策规则才是艺术管理者所具备的素质,演艺智库的人才建设也应该和艺术管理者的标准一样,对具有多专业建设起到的关键性作用。目前中国智库的人才建设大部分都是省级艺术研究院、高校教师及研究所人员构成,通过课题申请来承担调研和撰写研究报告,这些报告可以为政府提供一定决策参考,但这些课题大部分都囿于研究者较为单一的专业,演艺智库通过吸纳多元化智库人才,可以针对某一调研课题,进行多维度的专业分析,这样能统合综效,也能形成有决策影响力的咨询报告。

虽然演艺智库的活跃度近几年有所增加,但很难以量化的方式来衡量一个智库的影响力。根据《智库的政策决策重要吗?》(Think tanks in policy making: do they matter?)作为衡量一个智库社会影响力和重要性的几个指标如下:媒体曝光度;出版物;对于在学术论文中和政府公开文件中对智库的观点引用次数;在立法委员会中做过证词;智库研究员中有政府身份背景。

综上所述,随着演艺产业的发展,对演艺智库的需求会进一步增加,因此无论是高校演艺智库还是政府资助的演艺智库,在演艺市场运营环境下,其发展还取决于机构是否对演艺产业前沿问题有现实关照,其研究方法和解决问题路径是否能满足市场需求。比如,是否能为演艺机构咨询提供切实有效的规划方案;并根据自身资源和影响力增加媒体曝光率,发布报告建立演艺智库品牌。市场化运营并不是演艺智库品牌经营的必要条件,一些高校及研究机构也可根据自身优势来建立品牌影响力,只有在现实中通过专业咨询为演艺机构提供优化的运营管理方案、为演艺机构解决实际困境。

第五章 —— 中国演艺智库发展的基础

一、各类各层次演艺研究机构

中国已经具备发展演艺智库的坚实基础。在组织机构方面，各类各层次演艺研究机构；高等院校艺术专业为演艺智库发展与人才培养奠定了良好的基础；在文化艺术智库的研究方面，已经有了各层次的文化艺术智库项目与相关的著述，这些研究成果涉及的层次多、范围广，涵盖了文化政策与智库建设研究、繁荣发展社会主义文艺、传承发展中华优秀传统文化、现代公共文化服务体系研究、加快发展现代文化产业等方面，聚焦于为演艺产业提供决策咨询与参考依据。因此，演艺领域已经初现演艺智库发端。

中国已经建立了一定数量的文化艺术研究机构，研究内容较为全面，基本涉及我国文化艺术建设领域的各个方面，具体包括文化及艺术综合发展研究、文化产业及旅游产业研究、公共文化服务及文化民生研究、各门类艺术研究、文物与遗产研究、民俗及非遗研究等多个研究领域。同时，中国艺术研究机构层次较多，门类各异。中国31个省区市均建有省级文化艺术研究机构，其前身多为当地文化厅（局）所属的工作组或戏剧研究室，之后逐渐从行政机构中脱离出来独立建制，成为省级文化行政主管部门所属的正县级事业单位。目前，全国各省区市文化行政主管部门所属的、独立的省级艺术研究院所共31家。除4个直辖市和青海、西藏、海南外,24个省区设有地市级艺术研究机构[1]。各省市都有艺术研究院(所),社科院、文化厅局有文艺理论研究、高等院校也有各种不同的艺术研究机构,这些艺术研究机构是文艺理论和艺术理论研究及艺术创作为主的事业单位。据不完全统计,重点研究机构的数量就达到了193个。

(一)艺术研究机构

中国各个省市都设有艺术研究所、艺术研究中心、戏剧研究所、影视研究所、音乐舞蹈研究所、文化产业研究中心等。这些机构是以戏剧、影视、文化产业、音乐创作、美术创作和艺术理论研究为主项,集创作、研究、教学、交流为一体的艺术研究机构。如:中国艺术研究院是我国唯一一所集艺术研究、艺术教育、艺术创作、非物质文化遗产保护和文化艺术智库为一体的国家级综合性学术机构。上海艺术研究中心是一所集艺术理论和应用研究、艺术档案收集管理、宣传和利用等职能为一体的综合性艺术科研机构。中心立足上海,面向国内外,研究已覆戏剧、影视、音乐、舞蹈、美术、服饰、建筑等艺术领域,拥有丰富的学术成果。同时,中心充分发挥文化智库功能,为上海文旅融合发展和创建卓越的全球城市提供智力支持。

1　全国省级文化艺术研究院所发展迎来新机遇[N].中国文化报,2017-06-15].

（二）各大部委下设的文艺理论研究机构

文艺理论研究机构的基本职责是以党的文艺方针为指导研究文艺理论开展学术交流和理论研讨促进文学艺术创作培养文艺评论队伍，加强文艺理论研究，推进文艺创作，扩大社会影响，为文学艺术发展提供理论支撑，以及提供相关的社会咨询服务。

（三）各类、各层次的演艺协会

行业协会的职能在社会经济发展中越来越受到关注，演艺行业协会对演艺行业理论和行业规范建设，诸如通过降低演出成本、扩大营销、创造盈利平台等一些具体问题的研究，总结演出行业的基本规律；通过行业规范化建设，把握和认清在法律和政策的框架内行业组织内部自律性的原则，建立起行业道德标准；确立行业发展导向；实现行业权益保护。因此，演艺行业协会也在纷纷涌现，并发挥着重要作用[1]。

如：演艺行业协会是由文艺表演团体、演出经纪机构和演出场所、演出票务公司等单位和在演艺行业有一定影响的个人自愿联合发起成立的非盈利性社会团体。其主要通过行业自律、自我约束、自我发展，保护行业合法权益，发挥政府与行业之间、行业与社会之间的桥梁和纽带作用，使演出行业与演出市场得到健康发展。

1　崔成泉.中国演艺家协会找定位［N］.中国文化报，2002-06-25（002）.

又如：中国电视艺术家协会演艺文化中心遵循中国电视艺术家协会"联络、协调、服务"的宗旨，面向社会、面向蓬勃发展的传媒文化市场、面向有志于影视艺术事业的演艺人才，启动演艺文化会员制的运行机制，以行之有效的会员制和有偿诚信的服务，服务于会员与社会各界人士。中心的服务宗旨是："培育演艺人才、维护会员权益、服务演艺事业、繁荣影视市场"。服务范围包括：提供演艺人员经纪、各种产品品牌形象代言人推荐等有偿诚信服务；开办演艺人员培训班，培养各种类型演艺人才，并收入中国视协演艺人员资料库，推荐影视剧角色；各类影视剧制作与发行。

综上所述，全国各地各层次的艺术研究机构为演艺智库的产生和发展奠定了基础，演艺智库可以充分利用其人才和资源优势，利用演艺智库平台将创作研究成果和专业技术转化为生产力，争取社会效益与经济效益的最佳结合，为繁荣艺术创作和艺术研究工作作出更大的贡献[1]。

二、艺术高校为演艺智库产生与人才培养提供了前提条件

高校智库也可以成为中国演艺智库后备力量。根据2022年全国普通高等学校名单中本科和专科院校总共有2 759所，全国艺术类院校大概有40所左右。每一所艺术院校都有其专业强项，可以

---

1 李运启.山西艺术研究机构改革之我见［J］.晋阳学刊.2000,（05）: 100-101.

在强化学科优势、突出自身特色基础上为演艺智库提供咨询决策。

高校各类艺术研究机构,各类艺术研究中心、研究院所、基地等大致可分为以下几类:一是艺术院校的研究机构与学科,如中央戏剧学院、上海戏剧学院、南京艺术学院等;针对各艺术门类进行的专门研究,特点是其专门性与艺术"纯净性";二是师范大学的艺术研究机构与学科,如北京师范大学、华东师范大学、华中师范大学等,由于这类高校获得艺术类专业的硕士、博士授权点较早,艺术教育、学术研究积淀比较深厚;三是综合性大学的艺术研究机构与学科,如北京大学、上海大学、南京大学等,是针对某一领域的研究,特征是继承了高校学术前沿与综合的跨学科综合性;则具有鲜明的学科交叉性,其特征是艺术与科技的融合发展。各类高校艺术研究机构多呈现本校的优势学科与艺术的交叉研究特征,将在新时期新艺术学科发展的某一个领域取得成绩。

高校艺术研究机构虽然以学术研究和社会服务为主要职能,但脱离不了高校的基本任务,即人才的培养。研究机构以自身研究特长和实践项目为依托,培养与教学系部常规培养截然不同的、具有创新实践能力的高端创新艺术人才,在学历层次上多以研究生、博士生为主。中国高校艺术研究起步晚,起点低,普遍存在创新不足,还有很大的发展空间。

三、艺术管理将成为演艺智库的支撑性学科

艺术管理专业是以现代管理观念与管理理论为依托,以文化

艺术市场需要为根据所设计的新型专业。该专业以艺术学为中心,以管理学为依托,集艺术学、管理学、经济学、传播学等学科于一体,培养"懂艺术、善经营、会管理"的复合型专门人才。

艺术管理兴起于欧美国家,是西方经济社会发展到一定阶段的产物。在20世纪60年代,哈佛大学最早设置了艺术管理专业,其后,美国的其他大学也相继设置了艺术管理的相关专业。相较于欧美发达国家,中国的艺术管理起步较晚。1987年在大连召开的首届艺术管理学研讨会标志着艺术管理作为一门科学,开始在中国的文化土壤上落地生根[1]。但是,直到2001年中央戏剧学院设立艺术管理系,才标志着艺术管理作为正式的学科开始走进中国高校[2]。

2017年,《教育部关于公布2016年度普通高等学校本科专业备案和审批结果的通知》发布,由中央美术学院带头申报的工作完成后,艺术学门类下艺术学理论类专业,除艺术史论外,新增了艺术管理专业。这意味着对于艺术管理学科的完善和建设将进入一个高度塑造、快速转变的阶段[3]。在2020年教育部颁布的《普通高等学校本科专业目录(2020年)》中,艺术类本科专业分为5大类,分别是艺术学理论类、音乐与舞蹈学类、戏剧与影视学类、

---

1 黎路.艺术管理学研讨会在大连召开[J].戏剧报,1987(11):22.

2 张爱红,郭梓锋.艺术管理的中国机制探讨——基于霍夫斯泰德模型的跨文化分析[J].艺术百家.2020,36(04)28-36.

3 刘伟冬.2013年度艺术学理论类专业建设热点与难点调查报告[J].艺术百家,2014(1):15-23.

美术学类、设计学类,有48种专业。专业艺术教育的目的是培养从事艺术创作、表演、研究、管理等艺术活动的艺术专门人才。已经涵盖全科艺术院校及研究机构、单科艺术院校、理工科大学、综合大学及师范院校四种形态,初步形成了基础理论艺术学和应用理论艺术学两个学科系列[1]。学科体制开始逐步建构并完善起来,遵循学科体制发展形成的艺术学理论渐成规模,亦成为整个艺术学科与学术发展的重要领域[2]。为推动高校艺术教育提供了重要支撑,为艺术人才培养提供了广阔空间,极大地促进中国艺术教育的发展。

艺术管理专业所要培养的艺术管理者是连接艺术家、艺术市场、艺术品、艺术机构的中间者,如同化学反应中的催化剂,艺术管理者催化艺术的传播、销售、收藏、欣赏甚至生产环节。从整体上说,艺术管理学科的课程设置基本集中在几大块,分别是融资与财务管理、艺术管理概论、公共教育项目、版权法、市场营销、项目经营、政府文化政策、美术馆研究与策展。关于艺术品收藏的专题研讨会按照风格、批评和市场三大部分的课程进行设置。

艺术管理系研究生在本科阶段往往属于不同专业,有些学生没有受过艺术专业教育。如何在保证专业核心课程的基础上,设置跨学科、跨领域的艺术教育选修课、必修课,是当下的困境。如

---

1 宗祖盼.扎实推进艺术学理论学科建设[N].文艺报,2020-07-08.

2 夏燕靖.重新认识艺术学理论学科十年发展的现实路径[J].艺术百家,2020
(4):56-61+86.

今,艺术管理学科进入了本科教育,如何将艺术管理学科的本科生与研究生课程一以贯之,培养出合格的艺术管理人才,是需要思考的重要课题。从艺术管理学研究角度上讲,如何在借鉴先进经验的基础上,结合自身语境,从中国的古典文化中汲取精华,改进学生的培养方案,建立有特色、有效的培养模式,是需要考虑的问题[1]。

艺术学理论类专业的学科交叉的特殊性。艺术管理边界不清晰,归属在管理学科类别下,导致了专业归属与专业资源配置不匹配,尚未形成统一的标准、专业规范和专业共同体,难以在高校居于主流地位,还未形成从基础理论到实践应用的完整的学科专业体系。

除少数学者把艺术管理归为人文学科或艺术学科,大部分的学者还是把它归之为管理学科。国内较早从事艺术管理研究的孙仪先认为:"艺术管理可分为艺术经济管理和艺术行政管理两大类,都属于研究社会精神文化的管理学范畴[2]。"有的学者认为把艺术管理分为艺术行政管理和艺术产业管理更加合适。还有人认为,艺术管理应属于公共管理学范畴。"将艺术管理的学科定位于对非营利性艺术组织及艺术活动的研究,这不仅仅是一个工作划分,还关涉到对'艺术管理'的理解。在艺术管理活动中,

---

1 翟羽佳.艺术管理学科当下的困境、出路与思考[J].美术教育研究,2019（13）:44-47.

2 孙仪先.关于艺术经济学研究重点与框架的思考[J].装饰,2002(2):11.

艺术和管理的关系总是以艺术为先。艺术管理的目标是要把艺术送达到更多的人面前,而不是把'商品卖出去'[1]。"

艺术管理在艺术学与管理学理论的基础上形成的一门新兴交叉学科,它又属于公共管理范畴,也属于工商管理范畴,因此,它涵盖了艺术学、管理学、公共管理学与工商管理学。顺应艺术的繁荣发展,艺术管理专业也得到了迅速发展。据统计,具有400多所高等院校依托于音乐、美术、戏剧、文化产业管理、公共管理等专业创办了艺术管理专业。虽然由于艺术管理所依托的专业不同,师资各异,学科定位模糊,培养方案与培养标准各异等问题,但艺术管理专业还是为演艺智库的人才培养奠定了基础。

四、中国文化艺术智库的发展现状

为了贯彻落实中央精神和文化和旅游部领导指示,加强中国特色新型智库建设,建立健全决策咨询制度,文化和旅游部文化科技司于2016年开始组织实施"文化艺术智库体系建设工程"。近年来,文化艺术智库体系建设工程面向文化建设的前沿一线布局,初步构建起地方到中央、覆盖文化事业和文化产业、政产学研用一体的文化艺术智库体系;形成了初步机制,编辑了《文化智库要报》;扩大了智库效应,取得了一定成效。"下一阶段工作重点是推动文化艺术智库与文化前沿的对接、文化艺术智库联系点

1　周立.对艺术管理学科建设的思考[J].教育评论,2011(1):104.

之间的对接、与社会智库的对接。"有专家提出，希望各承担单位高度重视《文化智库要报》的撰写和报送工作，更好地发挥文化艺术智库服务决策、服务大众、服务企业的作用。

　　相较于2016年，2017年文化艺术智库项目涉及的研究方向范围更广，涵盖了文化政策与智库建设研究、繁荣发展社会主义文艺、传承发展中华优秀传统文化、现代公共文化服务体系研究、加快发展现代文化产业等方面，文化艺术智库建设范围进一步拓展。2017年共有5家文化和旅游部直属单位申报的项目获得立项。如：中国艺术研究院副研究员王巨川承担的"智库类型分析与文化智库模式研究"项目主要是对现有国内外重要智库进行有针对性地调研，为中国艺术研究院建设国家文化智库工作的顺利进行提供基础和全面的数据资料，同时，提出具有建设性、战略性、创新性和前瞻性的建言。国家艺术基金管理中心规划处处长杨舟贤所承担的"国家艺术发展数据统计分析和应用研究"的项目将充分利用国家艺术基金建成的数据平台所聚集的艺术大数据进行统计分析，提升艺术作品质量和艺术活动的效果，提高文化行政部门政策制定的针对性和财政部门资金投入的精准度，推进国家文化治理能力和治理方式的现代化建设，为艺术事业健康发展发挥积极的促进作用。文化和旅游部民族民间文艺发展中心魏玮所承担的"传统节日与公共文化服务研究"项目，主要通过对节日文化与艺术的综合观察，以跨学科视野对中国现代化进程中"礼俗互动"的内在理论与节庆实践的观察解析，深入理解中国传统社会时间管理体系的智慧及其在当下的传承创造。国家图书馆主任助理李志尧所承担的"现代公共文化服务体系中的公共数字文化建设与服务研究"的项目,研究的主要内容包括大数据环境下公共数字文化的基础构建研究、互联网＋公共数字文化服务模式研究、公共数字文化建设与服务标准规范体系研究、公共数字文化创意产品体系研究、公共数字文化人才培养和激励机制研究。中央文化管理干部学院科研处处长卢娟所承担的"居民文化消费需求与公共文化服务供给侧结构性改革研究"的项目,研究侧重从制度分析的视角入手,聚焦中国现阶段公共文化服务供求中的基本特征和突出矛盾,以供给侧结构性改革思路为主线,为进一步加强中国现代公共文化服务体系建设提出相应的思路、政策取向和重点措施[1]。

但是,我国文化艺术智库建设总体上仍处于松散、弱小的初级阶段,存在着制度安排缺失、体制约束、智库人才缺乏、咨政质量不高、成果转化困难等一系列问题,这与党和政府对智库的要求尚有差距[2]。

鉴于目前我国文化艺术智库发展现状,很多学者倡导"共同发起筹建全国文化艺术智库联合体十分必要"。通过组建全国文化艺术智库联合体,可充分集聚和发挥联合体成员比较优势,进一步提升咨政研究质量,同时为智库自身建设提供有力支撑。总

1　刘修兵.文化艺术智库体系雏形初现［Ｎ］.中国文化报,2017-10-10.

2　陈纯真.发挥智库咨政职能 服务国家文化发展［Ｎ］.中国社会科学报,2020-
　　1-2(002).

之，中国各层次众多的艺术研究机构、高等院校为演艺智库发展奠定了坚实的基础。

五、演艺行业智库发端

（一）国内首个专门从事剧院管理研究的公益性智库诞生

2018年，中国剧院发展研究中心在文化和旅游部政策法规司的指导下，由国家大剧院和上海戏剧学院共建，主要致力于剧院及艺术表演团体领域研究、培训、交流等工作，促进全国剧院及艺术表演团体高质量发展。研究中心设在上海戏剧学院，是上海戏剧学院内设的学术性研究机构。中心按照"小机构、大平台"思路组建研究团队，主任由国家大剧院首任院长陈平同志担任，下设专家咨询委员会、理论研究室和应用研究室。专家咨询委员会由跨学科的专家队伍组成[1]。

（二）中国工艺艺术品交易所有限公司[2]（以下简称中国艺交所）

中国艺交所是为落实中央关于文化大发展大繁荣的战略部署，由中央企业——中国工艺集团有限公司发起、中央文资办国家文化发展基金资助、全国清理整顿各类交易场所部际联席会议

1　褚慧超，卢云庆. 中国剧院发展研究中心成立［EB｜OL］. https://www.sohu.com/a/275405800_597684

2　吴迪. 中国艺术智库建设：中国艺交所的探索与实践［EB｜OL］. https://www.docin.com/p-1090346177.html

批准设立的全国性艺术品现货交易平台。

中国艺交所秉承"为中华文化传承服务，为文化产业发展服务"的宗旨，通过与第三方服务机构深度合作，积极探索"艺术＋金融＋科技"的创新发展模式，充分发挥行业优势和税率优势，为艺术品市场提供确权公证、鉴定估值、保管保险、展览展示、见证交易、资金清算、艺术品登记、质押融资等一站式艺术金融服务。目前，中国艺交所已形成艺术品交易、高端文创产品开发、艺术银行、老电影修复发行、人才选拔培训、文化项目咨询和衍生业务服务等业务板块。作为中央国有资本发起设立的文化艺术类交易所，中国艺交所紧紧围绕文化艺术品流通服务，助力实体经济发展，全力打造艺术品创作者、投资者和收藏者满意和信赖的艺术品财富管理综合服务平台。中国艺交所作为文化产业的一种新业态，其探索与理论正在催生文化艺术买卖营业范畴的智库建设。中国艺交所是一个开放的、聚合多类型人才及智慧的艺术智库平台，其团队由科技与艺术、创新与治理、艺术家与工程师、学者与能工巧匠组成，政府、商界、学界、业界的精英汇集。

中国艺术交易所建设的目的不仅是探究艺术产业发展规律，成为艺术综合研究的高地、咨询管理的重地，人才培养的基地，公益传播的阵地。

（三）中国文化艺术发展智库

中国文化艺术发展智库是由当代著名书画家、艺术评论家、国学智慧研究者杨牧青先生创建，广泛吸收在文化、艺术方面的专家学者和优秀人才，并广泛接纳具有一定社会公信力的实体文化艺术机构（含公司、社会团体在内），与其建立合作、协作关系，共同发展。中国文化艺术发展智库隶属亚太地区书画家联谊会（APPCF），是一个民间性质的新型智库，实行亚太联（APPCF）秘书长负责制。中国文化艺术发展智库以正确的文化艺术政策为指导方针，奉行"家国有事，匹夫不辞"，以独立思考，科学决策，奉献社会为己任，为增强国家软实力的文化艺术发展战略高度服务[1]。

以文化艺术学术深度研究和学术成果转化、举办文化艺术论坛活动、召开文化艺术公益讲座和会议、文化艺术行业咨询服务为工作重点，为国家相关部门提供民间形式的分析报告和建议[2]。

（四）中国演艺设备技术协会

文化艺术智库《中国演艺科技蓝皮书（2015 2016）》（以下简称蓝皮书）正式出版是中国演艺设备技术协会作为协会类智库的标志。该协会将结合自身优势，从演艺装备发展实际出发，积极整合各方资源，认真研究演艺装备发展情况与趋势，及时传播，为促进文化艺术与科技融合发展提供政策咨询和决策参考。

由文化和旅游部文化科技司倡导、指导，中国演艺设备技术协会理事长、《中国演艺装备科技蓝皮书（2015—2016）》编委会主

1　智闻. 智库筑基中国梦——中国智库国际学术研讨会［J］. 中国智库.2013（03）：3.

2　中国文化艺术发展智库［EB|OL］. 2015-08-01 17：59. https://www.sohu.com/a/25307945_21699

任朱新村中国演艺设备技术协会组织《演艺科技》杂志社编撰的《中国演艺装备科技蓝皮书（2015—2016）》（以下简称"蓝皮书"）2017年6月出版。"蓝皮书"的出版为政府相关管理部门提供了决策参考，并指出，近年来，演艺装备行业呈现出强劲的崛起势头，已与广电装备、印刷装备共同成为文化装备领域内名副其实的"三驾马车"，在此过程中也涌现出一批龙头企业，相关学术研究力量越来越强。演艺装备在内的文化装备已经发展形成绿色化、智能化、融合化、品牌化、特色化、集聚化、国际化的新格局；借助相关部委、社会组织、行业协会、文化企事业单位、重点实验室的力量，形成"社会共治"的格局，共同推动中国文化装备的进一步发展。

"蓝皮书"通过归纳中国演艺装备年度数据等资料，反映演艺科技现状，研究前沿问题，预测行业发展趋势，为政府相关管理部门提供决策参考，为企业发展提供投资依据，推动演艺装备行业人才培养，着力提高演艺装备水平。继续提升内容的广度、深度和高度，增加演艺装备的跨界技术应用以及国内外演艺装备技术、应用等方面的对比分析内容，多关注新技术发展及其在舞台演出实践中的应用，从而引导行业的研发生产。对中国演艺设备技术协会会员单位的演艺装备基础数据、进出口数据等相关数据进行统计，为政府决策、演艺装备企业的战略发展提供更多参考依据，促进演艺装备科技与文化艺术的融合和可持续发展[1]。

---

1 杜青. 专家把脉《中国演艺装备科技蓝皮书》——《中国演艺装备科技蓝皮书》暨"文化艺术智库"企业联系点工作座谈会在京召开[J]. 演艺科技，2018（02）：59.

以上列举了以高校、政府机构以及公司等多种形式存在的文化艺术智库的几个案例，可见目前文化艺术类咨询机构都分散在各领域，并没有对演艺产业的宏观发展形成合力。除上述列举的机构，还有一些演艺机构的管理层负责人也会以个人名义或机构名义，为一些演艺场所提供咨询。

六、中国演艺智库的特征

演艺智库是由从事影视及舞台表演研究的精英、学者组成，提供演艺行业规划、运营培训、演艺团体咨询等服务，旨在整合社会各方研究力量关注文化艺术建设实践，为文化改革发展提供重要的理论支持和决策参考。演艺智库具有以下特征。

（一）公益性与外部性

中共中央第65号文件指出：我国的企业智库主要是国企或国有控股企业设立的决策咨询机构。国有企业作为一种生产经营组织形式，同时具有商业类和公益类的特点，其商业性体现为追求国有资产的保值和增值，其公益性体现为国有企业的设立通常是为了实现国家调节经济的目标，起着调和国民经济各个方面的发展。因此，由于国企自身的公共性"基因"。因此，也决定了企业智库也必然具备公共性"基因"。其特性也就决定了演艺智库是以改善政府演艺政策、改善演艺公共管理和形成"善治"，增进公共福祉为己任，而不是营利性的公司、行业的咨询公司和策划部门。

演艺智库兼顾其公益性和营利性。我国的企业智库主要是国企或国控企业设立的决策咨询机构。国有企业作为一种生产经营组织形式,同时具有商业性和公益类的特点。一般而言,演艺智库属于社会公益组织,属于文化事业行业,这就决定了中国演艺智库具有公益性。

智库外部性要求企业从内部视角转向外部视角,将关注点从自身的、短期的利益向公共的、长远的利益转换。"外部性"是新型企业智库的溢出效应"外部性"有两个层面的含义:一是企业智库要聚焦企业外部政策环境,为破解改革发展中的难题提供决策咨询服务;二是经济学的"外部性"概念,又称"溢出效应"。"外部性"体现的是现代智库的社会效益属性,是评价现代智库公共性是否充分发挥的重要维度。演艺智库的外部性是指其政策研究为外部环境变量之一,为政府进言献策,舆论引导等为政府与社会服务。

"外部性"还是一个经济学概念,在智库的语境下可以理解为智库研究成果和活动虽然对自身及其关联方没有产生直接利益,但却对党和国家、行业发展的整体利益产生影响。智库不得不超脱内部局限,转向外部公共议程研究,通过经验积累和调查研究敏锐察觉产业走向,推动产业结构优化升级;提出切实可行的产业发展规划,引导国内产业发展并走在国际前列;加强基础研究,引导产业技术走向、增强相关技术标准在国内、国际的话语权,扩大国际影响;引导产业政策制定,拓宽咨政渠道,积极为党和政府建言献策。

（二）科学性与公信力

演艺智库的科学性是指智库专门从事基于演艺行业数据和事实的政策分析机构。演艺智库运用科学定量研究法，有理论支撑，有案例、经验为佐证，所得结论经得起现实与时间的检验。因此，其研究成果、咨询报告、分析预测都应该是建立在事实研判、科学研究和数据分析的基础上，揭示演艺行业的发展规律，得出新观点与新发现，才会具有公信力。否则，便会丧失存在的基础。

企业智库则必须坚持科学性原则，把自己的咨政建言、产业分析、工程咨询建立在数据和事实的科学研究基础上，唯有如此，才能形成自己的公信力。公信力是现代智库的生命线。没有公信力，智库就无法形成自己的决策影响力、学术影响力、行业影响力、公共影响力。企业智库更是如此。虽然国企设立的智库有天然的公共性基因，但是企业毕竟也还是营利性商业组织，人们会自然地怀疑企业智库是否只代表企业利益和行业利益，或多或少会损害公共利益。因此，企业智库建立公信力远比非营利性的智库要困难许多。

智库的公信力很大程度上源自政府和公众对其研究立场、方法、依据、过程、结论是否科学的评估和判断。因此，企业智库只有将严谨的科学性贯穿于研究咨询等一切工作环节，才能形成自己的公信力。智库是专门从事基于数据和事实的政策分析机构，这就是智库的科学性所在。政策分析有许多维度，有些维度与科学性关系不大,甚至是违反科学性的。企业智库一旦失去科学性,便会立即丧失"公信力",在公共政策界也不会再有市场。

(三)行业性与营利性

演艺智库的行业性是指针对演艺的专门性和专业性,演艺行业研究主要依靠其行业的数据、信息与行业经验,对演艺机构改革、调整、发展规划、政策制定等方面的管理咨询、舆论引导、社会服务等方面的研究,这也是演艺智库存在的基础。演艺智库的天然使命在于为演艺行业和相关政府机构提供决策咨询,理论创新,为演艺产业的发展提出对策,这就有了其商业性的基础。

演艺智库公共性不意味着不具有营利性目标,因为智库为自身和行业发展提供有力支撑,这样智库才能不断积累行业发展经验,为公共研究提供知识积累,企业本身的发展也利于为智库提供资金支持,反哺企业智库发展。可以借鉴日本三菱综合研究所就是以服务国家利益和社会发展为目标,以政策性研究为主,其他营利性研究为辅。企业智库提供公众可见的研究成果、发表智库观点,体现其公共属性,这也是与提供有偿性咨询意见的咨询公司的一大区别,包括发布具有企业和行业特色的研究报告,以专业视角解读政策、引领产业发展等。咨询公司是不需要提供此类成果、信息的,它们为客户提供定制化的服务。但如果他们发布了公开性成果,引导行业发展,为政府提供决策咨询参考,那么就具有了智库性质。

演艺智库营利性是指其具有更加灵活、更加开放的企业化管理机制,经费更多来自自身发展,以研究成果的质量和权威性立足,依托于市场经济发展,满足市场需求,为客户提供各类型的咨询服务,服务于社会,其市场化运作仅仅是维持自身的日常运作,但不以营利为目的。比如道略演艺,其收入主要来源是旅游演艺项目,但道略也根据票房、演出剧目等指标追踪演艺市场动态,每年发布行业报告,获得一定影响力。

演艺智库研究咨询离不开数据、信息、案例,但是无论如何完备的数据分析与预测都不可能完全超越行业性,因为每一行业都有自身运行、发展的规律与特殊性,一般性不可能完全替代特殊性。行业经验是一种默会知识,是一种隐性知识,是一种直觉知识和背景知识,在决策时没有这种经验的参与,得出的结论不可能具有针对性与客观性。

智库本身的运转、项目的开展、人员的保障等都需要经费支持。非营利性只是强调了智库拒绝和不参与商业活动,为特定的利益集团服务的性质,但没有解决智库的可持续发展问题。演艺智库的天然使命在于为演艺行业和相关政府机构提供决策咨询,理论创新,为演艺产业的发展提出对策,这就有了其商业性的基础。

演艺智库营利性是指其具有更加灵活、更加开放的企业化管理机制,经费更多来自自身发展,以研究成果的质量和权威性立足,依托于市场经济发展,满足市场需求,为客户提供各类型的咨询服务,服务于社会,其市场化运作仅仅是维持自身的日常运作,但不以营利为目的。

（四）独立性与公开性

演艺智库的独立性与是公开性相辅相成的。独立性与公开性是演艺智库在获取经费、项目、经费使用、成果转化等方面的科学与规范的保障。在收取项目经费时要明确不设前提；通过多渠道资金支持的方式组织研究。演艺智库应该把"独立性"作为座右铭。演艺智库的独立性是指遵循自身的价值追求，表现出物质的独立性和思想的独立性，其中物质的独立性主要是经济上的独立，它是思想独立的基础。减少行政干预，以保证研究成果、产品的相对自主性和独立性，以专业精神来完成其研究，生产出优秀的研究成果，产生社会影响力。如兰德公司把自己界定为"致力于公共利益"的机构，布鲁金斯学会追求"高品质、独立性、影响力"。

演艺智库的公开性首先是指财务公开、项目招投标、评价等环节的程序公开。鼓励演艺机构投入演艺智库建设，构建行政体制、研究机制、市场机制相融合的新型管理体系。在操作层面坚持公开透明，让企业智库的研究咨询过程和经费使用公开化，让人们可以方便地查阅到这些信息和数据，从而消除人们对企业智库意见和观点客观性、中立性和科学性的疑虑。

综上所述，笔者在归纳国内外现有的演艺智库类型时发现，国内外演艺智库多以基金会、学术机构、艺术中心、剧院联盟或公司形态存在，也有一些剧院联盟的运营以商业盈利为目的，其特征不够明显，涉及内容以管理居多。

一般而言，在国内演艺研究机构可以分为三类：一是政府类的智库，如文化和旅游部、各地方文化和旅游厅下设的艺术研究院或研究所；二是民间演艺咨询机构，分为营利和非营利两种，比如国内的道略演艺是以营利为主，非营利的演艺咨询机构如中国舞台美术学会、中国演出行业协会等；三是综合性大学的艺术研究院和智库机构，如上海戏剧学院和国家大剧院合作创办的中国剧院发展研究中心，是目前国内艺术院校设立专门研究剧院运营管理，为中国剧院行业发展寻求有效方案以及为文旅部提供决策咨询建议的剧院智库[1]；四是一些有实力和资源的演艺场馆，比如国家大剧院专设全国剧院管理人才的培养项目，上海演艺大世界提供演艺平台和资源的对接服务，对演艺活动进行数据采集及分析，但这样有类似智库功能的剧院和演艺场所在国内并不多见。政府类的演艺智库大多以内参、报告，以及出版艺术类期刊或编纂专著为主，对国家级课题的申报进行筛选、上报，对省部级课题进行评选及评审等工作。目前，众多的高校艺术学科与专业、文化艺术研究机构已经成为演艺领域研究的主力军，但其多数研究成果主要是资料收集整理与现状描述等方面，缺乏较为深入的理论论述与成因分析，因此缺乏对现实的有效与针对性地引领；另外，有影响的研究成果较少，尤其是应用性研究在前瞻性与实效性上还有待进一步深化强化，多数研究成果仅停留在学术

---

1 孙文文. 黄昌勇院长一行专题调研中国剧院发展研究中心［EB|OL］. 上海戏剧学院网. http://www.sta.edu.cn/61/46/c1546a90438/page.html, 2019-3-27.

研究的层面,大众化、效益化程度低,不能满足我国文化艺术发展的新形势[1]。即由于条件的制约,众多的高校、研究机构远未发挥应有的演艺智库功能。但众多的研究机构将为建立演艺智库奠定坚实的基础。

在此基础上,本文将演艺智库界定为:演艺智库是从中国的基本国情出发,对顶层的演艺体制、机制等方面进行战略设计,服务于生产、流通与消费的演艺产业链,带有较强的意识形态,以影响演艺产业政策和舆论为目的的政府演艺政策研究与产业管理咨询相互协作的智库运营模式。

总之,演艺智库既是属于事业单位,又具有企业属性,所以,兼具有公益性与商业性。企业创造价值的核心逻辑是商业模式,行业智库是以企业形态存在的,其创造价值的逻辑基本一致。企事业单位的非营利性主要指:一是智库不以营利为目标;智库盈利不能用于组织成员的分配与分红;智库资产不能以任何形式转变为私人资产。演艺智库具有独立性、公开性、行业性、商业性等属性,因此,演艺智库也就有了市场化的基础。

1　董明. 从国家社会科学基金立项项目看艺术学科发展现状[J]. 民族艺术研究,2010(5):5-10+15.

第六章 国内外演艺智库案例分析与借鉴

一、柏林歌剧院基金会对中国剧院
运营经验借鉴与启示

剧院是城市文化特色的重要组成部分,从20世纪90年代中国掀起了"建剧院"热,2019年全国有家剧院,剧院呈现"井喷式"增长。与此同时,截止2017年末统计全国共有艺术表演团体15 752个,比上年末增加3 451个[1]。随着剧院和院团的规模逐渐壮大,在发展中也遇到不少问题,面临各种挑战,如何让中国剧院走出瓶颈,发挥出良好的社会效应与经济效应,这是各级管理部门应该重视的问题。其中"人、财、物",即:人事、财政投入与创收、场地设施是当前国有文艺院团面临的三大最棘手的问题。

德国政府也很注重文化的建设和发展。柏林是文化和创意经济的典型代表,同时也是一个充满创意的艺术之都。而德国柏林在21世纪初也碰到了歌剧院的生存与发展的困境,但在政府、歌剧院、公益组织与公众等多方努力下,成立了柏林歌剧院基金会,经过整合资源,改善管理机构职能与水平,让歌剧院重新焕发了生机。柏林歌剧基金会是成功运作的文化产业案例,其经验值得中国剧院学习和借鉴。

---

1 中华人民共和国文化和旅游部2017年文化发展统计公报[R] http://zwgk.mct.gov.cn/auto255/201805/W020180531619385990505, pdf:p3.

（一）柏林歌剧院基金会产生背景

柏林有悠久的歌剧历史,有着可追溯到1569年成立的柏林国立乐团,2020年将迎来它450周年生日。德国拥有世界上七分之一的歌剧院,一个350万人口的柏林拥有三座歌剧院。随着柏林重建为文化之都,歌剧院成了文化产业的中心资产,这也是衡量柏林文化产业的一个重要指标。柏林爱乐乐团指挥家西蒙拉特尔说过:"柏林的每个人都知道这座城市桂冠上的宝石是它的文化——博物馆,歌剧院,管弦乐团。即使缺乏财富,还有这些宝石照耀着我们[1]。"德国国家歌剧院总经理弗里姆认为,柏林文化预算是最少的,但文化活动的回报却很高,并带动了租车、旅馆、餐饮业等行业的发展。可见,歌剧演艺业可以推动经济,已经成为共识。柏林歌剧基金会也是在政府对文化产业足够重视的背景下诞生的。

柏林国家歌剧院和德意志歌剧院拥有最为强大的资金和艺术人才支持,喜剧院一直处于弱势,三家歌剧院互通有无,互相制衡,各有自己的观众群体,并且都有各自的芭蕾舞团、工作室和行政部门,在竞争中保持着和谐共存。直到2003年,三家歌剧院的竞争进入到白热化程度,功能重复和庞杂的行政机构,以至于让刚刚进入欧元区的德国及柏林市政府深感力不从心,无以为继,

1　Berlin: The World's Best Opera City［EB/OL］. https://www.theguardian.com/music/2010/apr/04/berlin-opera-barenboim-fiona-maddocks

引发了政府部门对三家剧院生存权的激烈讨论。于是，相关职能部门便产生了关闭规模最小的柏林喜剧院的打算。但喜剧院又是这三家歌剧院中最接地气的一家，因此享有极高的民间呼声。关闭喜剧院的消息一传开，便遭到公众的强烈反对。在一家歌剧院都不能关闭，但资金又捉襟见肘的情况下，柏林市政府想出了一个妙招：政府将对歌剧院的财政拨款剥离于政府的公共职能，于2004年1月1日，通过立法成立了"柏林歌剧基金会"（Stiftung Oper in Berlin），整合了三家歌剧院的资源，基金会的成立合并了庞杂的行政部门，并把工作室和三家剧院的芭蕾舞团整合为一个独立的芭蕾舞团，以及为三家剧院和芭蕾舞团服务的舞台服务公司。于是，该法人团体的基金会把所有柏林歌剧院的资源整合为一个独立的组织，但其下属的五个单位又彼此独立。该基金会是五家公司所有员工的雇主，拥有所有建筑物：歌剧场所、仓库、行政办公场所和工作室。基金会从联邦政府获得公共补助资金，以完成其任务。

（二）柏林歌剧院基金会组织机制

柏林歌剧院基金会是德国最大的文化机构之一，总部直接由总经理领导，由五个独立机构组成，约1 950名员工：由柏林德意志歌剧院，柏林喜剧院，柏林国家歌剧院，柏林国家芭蕾舞团和舞台服务公司构成。这几个单位是独立的自治机构，有其各自的预算。所有公司的财务和账户以及人力资源部门都在基金会的基础上集中运作。基金会赞助三个剧院，负责芭蕾舞团经费及舞台服务公司日常开销,并为其提供管理服务。

德意志歌剧院建于1912年,是柏林当代最大的歌剧院,定位是"人民的歌剧院",与国家歌剧院的宫廷歌剧形成鲜明对比。这一歌剧院专门演奏理查德瓦格纳的现代音乐剧,它与古老的菩提树菩提阁戏剧(这里专指柏林国立歌剧院古典歌剧)形成了明显对照。通过取消私人包厢体现了一个"民主"理想的歌剧院,每个座位都能看到舞台的全景。弗里茨·博内曼(Fritz Bornemann)对这座建筑进行修缮和重建,于1961年开放,其保留了人民歌剧的传统,没有华丽的装潢,出色的布景和音响为音乐剧场奠定了基础。这座剧院每晚可容纳近2 000名观众,目前仍然是柏林主要文化聚集地[1]。

柏林国家歌剧院是坐落于柏林最著名的菩提树下大街,故又被称为菩提树下的歌剧院,是欧洲历史最悠久的歌剧院之一,1742年由弗雷德里克大帝建立,目前已经成为世界上最现代的歌剧院之一。巴洛克歌剧到古典、浪漫和现代歌剧都能在舞台上呈现,因为其拥有近三十米的舞台塔楼,九米深的下层舞台,有直径14米的动力轮,可在几秒钟内创建新的舞台场景。

柏林喜剧院专门上演外国或莫扎特等德国作曲家的外国作品,并将其翻译为德语演出。该剧院有1 270个座位。柏林喜剧院的国际影响力极高,许多艺术家们都在柏林喜剧院开始了职业

1　A portrait-Part 1 [EB/OL]. https://www.deutscheoperberlin.de/en_EN/about-the-house

生涯。柏林喜剧院因其多样化、灵活化，早已摆脱了传统的剧院的框架，喜剧院的发展具有领先性，其理念不仅来自费尔森斯丁的传统，同时也参考了一些战前的艺术传统理念。在科斯基最新的几部作品中，展现出一种强烈吸引观众视听的特质，各种各样的戏剧冲突通过新兴的多媒体舞台技术而放大[1]。

2004年，在柏林正处于金融危机之中之时，由上述三个歌剧院合并过程中创建的独立的柏林国家芭蕾舞团，也是西欧最知名、最大的芭蕾舞团之一，拥有约90名舞者[2]。

舞台服务公司是柏林歌剧院基金会赖以生存的五大支柱之一，也作为基金会框架下的一个独立单元运作。其功能属于演艺创造的一个重要部分。它也是德国最大的剧院服务提供商。三个剧院、一家芭蕾舞团（下面简称四家艺术演出公司）和舞台服务公司是承包关系。舞台服务公司在合同期内对这四家艺术演出公司提供舞台服务。大约300人服务于舞台以及舞台相关的服装和布景工作。从装修建筑到服装设计，再到个人服务和财务会计。舞台服务公司体现了工艺质量与现代生产方法相结合的特质，它成功的商业诀窍是非凡的艺术创意能力。在每个季节，舞台服务公司为四家艺术演艺公司的剧目制作约70个新作品，并进行舞台设备制作；同时，也将各种剧院演出人员的服装和舞台设

1　歌剧院中的潮牌——柏林喜歌剧院［EB/OL］. https://site.douban.com/chgoh/widget/notes/18047961/note/550916930/

2　STAATS- Ballett Berlin［EB/OL］. https://www.staatsballet-berlin.de/de/

图 6-1　柏林歌剧院基金会管理机制构成[1]

计工作室整合起来。四家艺术演艺公司与舞台服务公司之间是承包关系。下图较为形象地描述了柏林歌剧院基金会管理机制。

综上,三家歌剧院在明确财务规定的基础上,仍然有独立的财务预算和各自艺术总监,艺术机构可以专注于艺术创造,极大提高了艺术生产力与创造力。

(三)柏林歌剧院基金会资金来源渠道

柏林歌剧院基金会从柏林市和德国联邦政府获得公共资助,全部剧院房地产归基金会所有,剧院也可以通过出租场地以及剧院内衍生产品经营获得一部分收益。据柏林歌剧院基金会总经理 Georg Vierthaler 透露2019年的总捐赠款约为1.56亿欧元。基金会每年得到的政府拨款都是根据基金会每年的收支情况决定,所以,发放金额每年都不同。2004年是1.37亿欧元,2009年只是1.16亿欧元。柏林州政府承担维护所有剧院和必要的建筑工程的费用。柏林市政府编列的1.24亿欧元的

1　资料来源:柏林歌剧院基金会总经理Georg Vierthaler在2019年世界剧院论坛会议上的讲话,已经征得其同意。

预算大约占基金会总开销的3/4,1/4的开销来自票房收入。歌剧院的人员都是全职工作人员。人事开销虽大,因为有稳定的政府补助,加上演出场次多且票房不错,2018年,基金会为剧院927场演出卖出了97万多张票,剧院利用率达83%。基金会的管理经营良好,实施该项计划的头两年,每家歌剧院都需要大幅缩减开支,裁减人员,扩大市场,压缩重叠部门和取消非艺术性的活动。

2016年,柏林市政府给歌剧基金会的预算是1.36亿欧元,其中,国家歌剧院4 780万欧元,德意志歌剧院4 430万欧元,喜剧院3 460万欧元,另有国家芭蕾舞团860万欧元。从2017年至2020年,政府每年拨给歌剧事业的预算都为1.418亿欧元[1]。弹性和透明的资金渠道保证了基金会的正常运营,并激活各部门工作积极性。

(四)柏林歌剧院基金会职能及管理架构

柏林歌剧院基金会的作用远非"钱袋子"那么简单。歌剧基金会召集三大歌剧院的九名艺术及行政当家人,连同基金会董事局的七人成员,每年开一次会议,主要是商讨下一个演出季的节目制定,力求不出现同一部剧目的新版本的重复制作,也尽量避免同一晚上演同一部剧目的尴尬局面,保证观众群的正常流动和对游客资源的最大吸引力。在发展中避免恶性竞争的做法对于

---

1 从指环之争看柏林歌剧生态[EB/OL]. https://www.sin80.com/pub/11922

拥有三大歌剧院的柏林市很有必要。

　　基金会执行董事会由十名成员组成：四位艺术总监（他们都受到基金会规定约束），五位常务董事（包括舞台服务公司）和总经理（董事会主席）。基金会保障这五个机构的长期运营，在新成立的基金会保护下，各个组织是否要与前"机构"一词保持一致获得了更大的独立性。基金会一方面要经营管理各个艺术机构，塑造每个机构的独特艺术形象；另一方面要把柏林发展成为世界歌剧制作之都，它能够提供最多元的歌剧表演，包括音乐剧和舞蹈剧目。

　　基金会的任务是在三家歌剧院中对剧目安排进行协调，使艺术上和财政上都发挥最好效益，找到共同的解决方案，演出上还要互相合作，避免雷同冲突。旨在整合、优化三家歌剧院的资源[1]。基金会成立后，即在内部制定了一套相对严格的管理来制约演出计划。计划中有一个核心剧目列表，包括40部左右的古典歌剧精品，即畅销歌剧。一部剧在柏林首演成功后，下次的新版本演出时间最早也要在第三年，即不同的首演必须间隔两年。对于非核心剧目作品，间隔期为五年。总干事在其机构中可发挥非常重要的作用，基金会董事会也不能左右他的否决决定。

1　三座歌剧院的战争与和平音乐周报［EB/OL］. http://www.21cnmc.com/news/info/34031, 2015-9-11.

表 6-1　柏林歌剧院基金会组织结构表

管理组织	主要职能／作用	成员构成
咨询委员会	1. 负责制作预算。 2. 咨询委员会任命艺术总监,通用音乐总监,执行董事和基金会总经理。这种结构以总经理为最高职位,执行委员会为决策机构。 3. 咨询委员会负责监督并向执行委员会提出建议。 4. 定期举行会议:为各机构提供咨询;联络各成员单位,为基金会提供智力支持。	七名成员:文化参议员,董事会主席和财务参议员,以及四名财务和／或艺术事务专家。主席由柏林文化事务参议员担任,目前由克劳斯·莱德勒(Klaus Lederer)博士担任。
董事局	基金会董事局及其总经理必须向咨询委员会报告。总干事管理基金会的内部业务和对外事务,并拥有强大的决策权。	柏林市长、柏林议会议长、文化局局长、柏林广播公司RBB台长、奥地利布雷根茨艺术节总监、柏林储蓄银行总经理和商业银行总经理以及德国最大的市级医院集团的监事会主席。
执行委员会	1. 对三个歌剧院,芭蕾舞团和舞台服务机构进行预算控制,制定其计划。 2. 审查各个成员单位的经济运行情况,制定个人劳动协议框架和指导方针。 3. 负责集中营销。	以及四位艺术总监和五位常务董事以及柏林歌剧院基金会总经理(目前由 Georg Vierthaler 担任)。

资料来源:根据柏林歌剧院基金会官网资料整理[1]

1　Berlin Opera Foundation［EB/OL］. https://www.berlin.de/sen/kultur/en/funding/cultural-institutions/berlin-opera-foundation/

柏林基金会的三个重要的管理职能部门通过规定履行职责，相互制约，目标是服务于各成员机构。咨询委员会目前有基金会董事会的一些业务计划，新的集体协议，服务和工程协议等决议还必须得到董事局的批准，咨询委员会会以绝大多数委员的同意通过决议。执行委员会及其总经理必须向咨询委员会报告，执行委员会的一些决定必须得到咨询委员会的批准，比如，年度预算、业务计划、个人劳动协议以及资产和资产出售和物业出租。咨询委员会对执行委员会进行监督并提供建议。在决定批准财政计划时，主席和财政参议员拥有否决权。这种组织形式由总干事担任高层，董事局作为决策机构以及咨询监督机构，为各成员机构的顺利运作奠定了坚实的基础。

柏林歌剧院基金会的财政来源是从柏林市和德国联邦政府获得公共资助，全部剧院房地产归基金会所有，剧院也可以通过出租场地以及剧院内衍生产品经营获得一部分收益。据柏林歌剧院基金会总经理 Georg Vierthaler 透露，2019 年的总捐赠款约为 1.56 亿欧元。基金会每年得到的政府拨款都是根据基金会每年的收支情况决定，所以，发放金额每年都不同。2004 年是 1.37 亿欧元，2009 年只是 1.16 亿欧元。柏林州政府承担维护所有剧院和必要的建筑工程的费用。基金会由柏林市政府编列的 1.24 亿欧元的预算大约占总开销的 3/4，1/4 的开销来自票房收入。2016 年，柏林市政府给歌剧基金会的预算是 1.36 亿欧元，其中，国家歌剧院 4 780 万欧元，德意志歌剧院 4 430 万欧元，喜剧院 3 460 万欧元，另有柏林国家芭蕾舞团 860 万欧元。从 2017 年至 2020 年，政府每年拨给歌剧事业的预算都为1.418亿欧元[1]。弹性和透明的资金渠道保证了基金会的正常运营,并激活各部门工作积极性。

让历史悠久的艺术形式焕发出生机的柏林歌剧院基金会的经验值得中国剧院学习。其管理模式为中国剧院和院团提供了可借鉴的运作机制;为政府在出台文化产业政策提供了新的决策依据;同时也为探究如何优化中国院团和剧院硬件、软件的资源配置等方面带来了新的路径。总之,柏林歌剧院基金会只是研究国外艺术基金会运作的典型案例之一,中国剧院还可以总结其他国内外艺术基金成功运作经验与机制,为剧院更好地发展提供启迪。

二、美国演艺智库

(一)美国剧院顾问协会

美国剧院顾问协会(ASTC)成立于1983年,是一家专业剧院咨询非营利组织。协会成员来自规划、美学、技术等学科,ASTC提供剧院专业咨询,为剧院管理者和设计团队提供有关剧院,音乐厅以及其他类型的公共表演艺术设施的规划设计和演出装置设备安装指导及建议,其中包括设计、建造最先进的娱乐或演示设施;测评建筑物的价值,或改建、翻新项目。ASTC主要目标是向剧院管理者,客户和建造者提供剧院咨询服务,这些服务对于

1　从指环之争看柏林歌剧生态［EB/OL］. https://www.sin80.com/pub/11922

实现有效的设计方案,经济上可行的各类演出和各种装配设施,都使剧院在现有资源下发挥最大效能。

过去所建造的剧院与其使用是分离的,因为很少有相关的剧院咨询公司,在设计时就介入咨询,造成了建、管、用分离,导致一些剧院的建造要经常进行翻修、既增加了运用成本,又耗费了人力。在20世纪下半叶到21世纪,大多数美国剧院和表演空间都有ASTC成员参与创作。剧院咨询并不是在剧院建好以后介入,而是在设计剧院就着手规划,让剧院建造和使用都进行人性化和实用性的规划设计,可以让剧院在长久的使用中节约成本,也能让舞台更具专业性,剧院咨询可以呈现不同凡响的表演场地。

ASTC剧院咨询起到了咨询者和剧院管理者的作用,也扮演着协调建筑师、设计团队和专业承包商的协作的角色。通过提供剧院空间设计、布局和运营管理指导的咨询,将适当的解决方案反馈到建筑物的设计中,以支持各种繁多表演的复杂需求。举一个剧院后台更衣室规划的例子,就可看出剧院设计和规划的细节。后台不仅是表演者着装和化妆的空间,对于演员来说,这通常是一个表演前调整状态的场所和备演空间。在不同演出公司、团体或乐队的轮换间运作。在更衣室的设计上,无论是在实用性还是舒适性方面,都有许多的标准和要求,比如对更衣室建造的大小、数量都需要根据各类演出团体的需求来规划。剧院的规划从细节可见,智库的专业咨询可以在规划初期就避免许多以后不合理的设计,为很多剧院的未来运营管理带来便利,消除其后顾之忧。

ASTC的成员是需要获得要具备广泛能力和经验的会员资格的专业剧院顾问。在人才培养方面,ASTC和美国剧院技术学院(USITT)于2014年合作创建了ASTC-USITT场地翻新挑战赛。ASTC剧院顾问作为导师,采用指导学生如何设计场地,如何将空间改造成表演场地,以及对旧场地进行翻新和改进等方式来培养人才梯队。

(二)美国人的艺术社区

1."美国人的艺术社区"简介

"美国人的艺术社区"是一个非营利组织,其重点是促进美国的艺术发展。在华盛顿特区和纽约市设有办事处,其服务已有50多年的历史。"美国人的艺术社区"致力于服务当地社区,并为每个美国人创造参与和欣赏各种形式的艺术活动的机会。"美国人的艺术社区"成立于1996年,是由全国地方艺术大会合并而成的代理商(NALAA)和美国艺术理事会(ACA)。在2005年,他们进一步与纽约艺术与商业理事会(Arts & Business Council Inc.)合并。

2.美国国家艺术指数

"美国人的艺术社区"还开发了国家艺术指数,旨在帮助人们了解美国艺术的影响力,以及它们如何随着时间而变化。与其他研究计划的区别在于它关注整个艺术系统,非营利组织和营利组织,对个人艺术家、资金、投资、就业、出勤和个人创造,以及对81个国家级指标进行超过十多年的追踪。国家艺术指数是首批专注于艺术的年度"大数据"企业之一。该指数呼吁关注艺术新趋势，并提供调研数据。其中一部分指标有：艺术志愿者参与，艺术类书籍（音乐、剧院、跳舞、绘画）出版情况，新增加的歌剧、电影、交响乐作品数，艺术参与率，个人参与艺术开销，艺术版权申请，外国人参与艺术活动等指标。

报告中的非营利性艺术组织使用国家免税实体分类（NTEE）进行识别。主要A组的组织，加上N52组（交易会和节日）是美国的典型艺术生产源头。这些机构包括剧院，管弦乐队，博物馆，合唱团，社区艺术学校，舞蹈团体等共同构成的艺术和文化系统。机构的费用来自消费者和受众艺术消费、赠款、捐款、其他补贴以及收入。这些收入来源是艺术非营利组织用来满足社区的艺术需求并服务社区的资金来源。

这些给国家艺术指数提交信息的组织从2010年的近41 000个机构减少到2011年的约37 000个，在2013年反弹至42 200个。那些没有提交报告的机构将从国家税务名单中移除。2013年，之前减少的45%的非营利机构提供了自己的信息，超过前几年的35%。虽然各个组织的结果各不相同，但非盈利部门的艺术收入总额已从2012年经济衰退中完全恢复过来。

无论经济氛围如何，2002年以来，美国的艺术行业都为观众创造了超过11 500部作品，尽管"国家艺术指数"在全国范围内对艺术进行了逐年比较，但"地方艺术指数"只能提供了一个短期的参考，还需要更深入地考察了县级艺术机构的活力。

3. 美国国家艺术基金和经济分析局（BEA）

美国国家艺术基金会和经济分析局（BEA）于2021年5月发布的新数据描述2019年艺术和文化部门对美国国内生产总值的国家和州级的贡献值。这些数据来自艺术和文化生产卫星账户（ACPSA），ACPSA跟踪来自35个商业和非营利行业的艺术和文化生产的年度经济影响。来自35个行业的范围从建筑艺术、美术教育到录音行业。数据显示，2019年，该行业的经济活动一直在扩大：美国的艺术和文化产品和服务的生产直接为该国的GDP增加了4.3%，总额接近1万亿美元（9 197亿美元）。这一数目仍然大于建筑、运输和仓储、采矿和农业等行业的增加值。在2017—2019年期间，艺术和文化生产对美国国内生产总值的贡献值为3%，略高于美国整体经济的增长率，艺术产生的贸易顺差不断扩大，从2006—2019年，这一盈余增长了10倍，超过330亿美元。美国艺术和文化产业有520万名工作人员，总薪酬为4 470亿美元，这个数字不包括那些兼职的艺术工作者[1]。这些数据都能反映艺术产业的晴雨表，比如BEA还为每个州制定文化生产卫星账户（ACPSA）的情况说明书，通过各项统计指标可以清楚得出每一个州的和艺术相关的统计画像。

1　2019 Data Analyzed by National Endowment for the Arts and Bureau of Economic Analysis Shows Sector Growth Before Pandemic, New Report Released on the Economic Impact of the Arts and Cultural Sector. https://www.arts.gov/about/news/2021/new-report-released-economic-impact-arts-and-cultural-sector, Mar 30th, 2021.

艺术也是出口行业。据BEA称,2014年文化艺术产业的国际贸易顺差为300亿美元。美国艺术品出口额(例如电影、绘画、珠宝)超过600亿美元。艺术带动旅游业。艺术旅行者是理想的游客,他们可以住更长的时间,花更多的钱来寻找地道的文化体验。艺术目的地通过吸引外国游客消费来发展经济。美国商务部的报告显示,在2003年至2015年期间,包括"美术馆和博物馆参观"在内的国际旅行者旅行比例从17%增至29%,参加"音乐会,戏剧和音乐剧"的比例从13%升至16%。

4. "艺术与经济繁荣5"(AEP 5)的经济影响研究

由"美国人的艺术社区"组织联合全美艺术家发表的一项名为(AEP5)——"艺术与经济繁荣5"的经济影响研究,(AEP 5)是有史以来艺术经济调查最全面的研究。它从341个研究区域获得数据,社区人口从400万到1 500万,代表所有50个州和哥伦比亚特区,不仅可以量化当地经济影响,还可以量化艺术对国家的影响。

美国有数千家非营利组织为其社区带来艺术、文化服务。虽然并非每个社区都拥有价值数百万美元的百老汇,但美国每个拥有非营利性艺术和文化组织的社区都看到它的经济利益。当有消费者参加表演,去博物馆或前往市中心参加音乐节时激活了当地的所有经济活动:停满车的停车场,餐厅和服务行业很繁荣,商店很热闹。所有这些钱的花销都在此社区发生并留在这个社区,刺激了社区经济活动,让其充满活力、健康发展。这就是美国非营利性艺术和文化带来的经济影响。

艺术是国家经济繁荣和萧条的晴雨表，经济的萧条会马上打击艺术产业；经济复苏后，艺术产业复苏的速度往往比国家经济复苏慢1至2年。艺术也可以促进经济发展。艺术和文化产业是一个价值7 300亿美元的产业，占美国GDP的4.2%，在经济中所占的份额比运输，旅游和农业更大。仅非营利性艺术行业每年就产生1 350亿美元的经济活动（由组织及其受众支出），提供410万个就业机会，并产生223亿美元的政府收入。艺术对当地企业有利，非营利性艺术活动的参加者每人每项活动花费24.60美元，对当地商业和社区而言都是可观的收入。尽管非营利性艺术组织，工作人员中的艺术家以及大学艺术专业毕业生的数量稳步增长，但参观美术馆，参加表演艺术活动或作出艺术贡献的人口比例却在不断下降。学生对艺术课和大学艺术学位的需求稳步增长。在1997年至2013年期间，每年授予的艺术学位数量从75 000稳步上升13 9000。

2015年，美国的非营利性艺术和文化产业创造了1 663亿美元的经济活动，这些非营利组织本身的支出为638亿美元，与观众相关的支出为1 025亿美元。这项经济活动的影响是巨大的，支持了460万个就业岗位，产生了275亿美元的政府收入（收益远远超过政府艺术拨款的50亿美元）。

艺术和文化组织，表演和视觉艺术组织，公共艺术项目，市政博物馆和艺术中心等都是商界的重要成员。他们在当地雇用人员，从社区内购买商品和服务，是他们的商会成员，并促进该地区的经济发展。这些组织直接雇用了230万人，并为其他行业的另外230万个工作提供支持,比如建筑,会计,食品服务和印刷等。

为AEP5收集的部分数据来自参加艺术活动的观众完成的二十多万份问卷调查。其中一个关键问题是:"如果你的社区没有这种艺术和文化体验,你会做什么?" 41%的被调查者表示他们会前往另一个社区寻求类似的体验。

这些吸引周围社区观众的艺术和文化体验甚至表现出更令人印象深刻的经济影响。典型的艺术参与者每次活动花费31.47美元,超出门票费用,其中包括食物、托儿所、停车场等花费。那些非本地区的消费者平均花费47.57美元,几乎是当地消费者的两倍,他们的人均花费超出了当地消费者人均花费的23.44美元。虽然87%的美国人认为艺术对生活质量很重要,但82%的人认为艺术对当地企业和经济都很重要。

各级政府,资助者和筹款人都在做出艰难抉择,并且随着资源的减少而面临越来越多的需求。AEP5的调查结果发出了一个明确的信息:关心居民生活质量和经济活力的领导者可以对投资艺术感到满意,证明了"投资艺术活动是以耗费当地经济为代价"是长期以来的错误论断,报告证明了艺术对当地经济的带动作用;以及艺术为社区带来欢乐,灵感和活力。它们也为当地创造就业机会,是为政府收入和旅游业增加提供直接经济利益的行业。

AEP5研究方法。来自佐治亚州的研究所的项目经济学家为每个参与区域定制了输入—输出分析模型,以提供关于四个的特定和本地化数据经济影响的衡量标准,这些衡量指标分别是:全职等效工作、家庭收入、地方和州政府收入。一些本地化模型允许每个地方经济的独特性反映在调查结果中。

使用了复杂的经济分析——投入／产出技术分析，以衡量经济影响。这是一个数学系统结合统计方法和经济理论的方程式。比如输入该社区人口数（从5万人到100万人），总费用、观众人数，便可算出该社区艺术带动经济的影响力，得出总支出，也就是非营利机构和文化机构及其花费的总金额，还有文化消费者与活动相关的支出的计算方式是基于和建模社区人口相似的社区进行估算，得出文化消费者在每个活动中每人平均花费的美元，也可得出所处社区的艺术组织或其消费者支出所支持的全职等效工作总数（FTE），经济学家衡量FTE考虑到兼职，所以计算出的结果并不是员工总数。这个计算方法的估值是基于类似人口稠密和经济发展相似的社区，因每一个社区都有其特殊情况，计算的结果并不一定能如实反映当地情况。

投入／产出分析使经济学家能够追踪一美元在当地经济中"重新花费"多少次，以及由此产生的经济如何影响每一轮消费。如何重新花费这一美元？一家剧院公司以20美元的价格从当地五金店购买一加仑油漆，这是产生支出的直接经济影响。然后五金店使用上述20美元的一部分支付销售员的工资；之后，销售员重新花钱购买生活用品的一些钱；杂货店用一些钱来支付收银员；然后收银员花费其中一部分来支付水电费等等。随后几轮支出是间接的经济影响。因此，剧院公司的初期支出之后是另外四轮支出（有五金店、销售员、杂货店和收银人员的支出）。剧院公司的初期支出的影响是直接的经济影响。后续几轮支出的影响都是间接影响。总之,产业经济总影响是直接和间接影响的总和。

根据AEP5国家经济影响研究,非营利性艺术和文化产业在旧金山市和县创造了14.5亿美元的年度经济活动,帮助支持39 699个全职等效工作。AEP 5研究由美国艺术家进行,该项研究选取了美国341个社区和地区的艺术与文化产业(包括113个城市,115个县,81个多元或多个地区,10个州和12个别艺术区,这些样本可以代表美国所有50个州和哥伦比亚特区)的非营利组织的经济影响力进行了调查与研究。这些多元化的社区也包含了广泛人口(400多万到1 500)和城市类型(从小到大的城市)。

(三)美国曼迪咨询公司

美国曼迪咨询公司,在20世纪90年代就开始建立演艺人才及平台的数据库。曼迪咨询公司为演艺工作人员提供职业规划,为演员匹配合适的工作机会。1996年,曼迪咨询公司用多年积累的演艺产业相关的数据库建立了网上平台(Mandy.com)。2006年,曼迪咨询公司成为美国、加拿大电影和电视行业的人才数据库,为上万人提供在演艺行业的就业机会。

目前,曼迪咨询公司成为世界演艺人才集聚平台,是演员、电影和电视工作人员、戏剧专业人士、儿童演员、配音艺术家、舞者、歌手、音乐家、模特和临时演员的创意社区,也是演艺人才和平台的连接纽带。曼迪咨询公司在互联网兴起前,就建立了电视、电影人员的数据库,因此,在1990年互联网兴起时,能够很快把现有资源通过互联网广泛传播，较早创建艺术人才的数字职业中心。曼迪咨询与福克斯影业、奈飞、英国广播电视公司、迪士尼、HBO（美国家庭影院）等影视公司建立合作。只要用户注册就可以在论坛上发布消息，通过平台寻找合作者或试镜机会。网站的机构目录里包含伦敦、曼彻斯特、多伦多、纽约和洛杉矶等城市的经纪公司和代理人，可以通过查找经纪公司或招聘机构的联系方式，寻找到工作机会。

（四）加利福尼亚大学伯克利分校成立艺术研究中心

加利福尼亚大学伯克利分校成立艺术研究中心（简称：ARC）是一个艺术的智囊团，成立于20世纪90年代末，有70多名教员。作为一个艺术研究与实践的基地，一个艺术与社会的反思空间，吸引来了不同领域的人才分享观点，如艺术家、学者、策展人和民间艺术家相聚在研究中心，以及形成了分析跨学科艺术实践的支持体系。这一机构关注领域包括表演艺术及视觉艺术，通过将视觉艺术、创意写作、舞蹈、戏剧、音乐、建筑、电影、公共艺术、摄影和社会实践等领域的讨论，推进当代艺术实践中的跨学科实践。艺术研究中心（简称：ARC）通过奖学金、学生项目和其他形式的公众参与，继续作为跨学科研究的中心。ARC有40多个合作伙伴和赞助者支持中心建设，在过去的20年里，ARC邀请世界知名人士和学者定期举办论坛，已经组织过数百次讲座、艺术家会谈、读书会、表演和座谈会以促进思想的碰撞。此外，推出了"驻校艺术家访问计划"已将25位艺术家带到校园。

ARC与科学、技术、医学和社会中心（CSTMS）合作，举办了艺术家驻场计划，重点是从加州大学伯克利分校辐射到旧金山湾区，以培育艺术、设计、技术、科学和工程之间的互动理念，促进跨学科研究，讨论前沿、热点问题。艺术+科学驻场计划邀请对此跨学科命题感兴趣，并愿意开发新的研究方法和技术的艺术家。项目可以采取多种形式，如多媒体表演、戏剧制作、动画电影制作、沉浸式装置、步行游览、基于社区的研究和开发在线项目。

三、英国艺术理事会的资金筹措经验借鉴

1994年，成立了由政府资助的集数字、文化、媒体和体育为一体的英国艺术理事会（ACGB）公共机构，分为三个独立的机构，分别服务于英格兰，苏格兰和威尔士。2002年，该机构进行了重大的重组。英格兰的艺术资助系统与当时所有区域艺术委员会均归英国艺术理事会所有，并成为区域办事处。

英国艺术理事会致力于在英格兰推广表演，视觉和文学艺术。自1994年以来，英格兰艺术理事会一直负责分配彩票资金。这项投资帮助增加了艺术组织的数量，并创造了许多其他高质量的艺术活动。2011年10月1日，英格兰艺术理事会的职责范围扩展到英格兰博物馆，图书馆和档案馆[1]。

1　Research from the MLA | Arts Council England. www.artscouncil.org.uk.5, March 2020.

根 据《英 国 剧 院 公 司：1995—2014年》(British Theater
Companies: 1995—2014)一书描述了当时英国艺术理事会如何受
当时经济环境及政策影响的变革，可见各国对于艺术、文化行业
的筹资，都面临着困境，每一个国家，每一个历史发展时期的文艺
发展都受制于国家政策、经济环境还有体制等方面的制约。通过
不同时期英国艺术理事会的筹资的变化，筹资的方式不仅仅是等
着政府补贴，除此之外，也有新的创收方式。

从1994年起，(ACGB)的苏格兰和威尔士艺术委员会成为
独立机构，拥有自己的皇家宪章，由苏格兰和威尔士办事处资助。
在威尔士，这也导致了新的威尔士艺术委员会与原有的三家威
尔士艺术协会合并，组成一个威尔士 / 辛格艺术委员会(Cyngor
Cefyddydau Cymru)。根据新的《皇家宪章》，英格兰的艺术现将
由新成立的英格兰艺术理事会提供资金，英格兰、苏格兰和威尔
士这三国长期执政的政党是保守党，其最后几年执政特点是财政
上收紧。1992—1993年，政府对英国艺术委员会(ACGB)首次削
减了2%的资助资金，到1997年，英格兰艺术理事会(ACE)报告
在过去四年中实际削减了9%的资助资金[1]。自1946年艺术理事
会成立以来，政府不仅首次削减了对ACE的赠款，而且由于经济
衰退的影响，地方政府的伙伴关系资金、赞助和收入也相应减少。
在1996年发布的一份政策文件中，估计在1986、1987年至1994年

1　Allen Chris, Secretary -General Report, The Arts Council of England Annual
　　Report 1996/97［EB|OL］. (London Arts Council England)

之间,赞助和捐赠收入的实际减少了32%[1]。

随着地方当局的重组,在惨淡的金融环境背景下,地方政府为艺术提供的资金急剧下降,对于独立于英国艺术委员会的威尔士和苏格兰两家艺术委员会也面临着财务危机,威尔斯艺术委员会(ACW)获得了少量增加的资金。在1986—1987年及1997—1998年同期,苏格兰和威尔士的戏剧作为一种艺术形式的支出实际上增长了18%,而英格兰艺术理事会下降了38%[2]。

约翰·梅杰(John Major)在1993年提出的"国家彩票",此举被认为是艺术的救星。彩票的资金于1995年投入使用,这属于公众购买的筹集资金。彩票分为五个门类:艺术、慈善、遗产、新千年项目和体育,其中的艺术筹得的资金由艺术委员会管理。彩票的财务收益,其在运营的第一年所获得的艺术资金一倍还多。到1995—1996年,艺术彩票基金达到2.55亿英镑,已经超过了英格兰艺术理事会政府授予的1.91亿美元。到1997—1998年,彩票资金已增至2970万英镑,而政府拨款已降至1850万英镑。在1995—1996年,苏格兰艺术委员会的政府拨款为2450万英镑,彩票收入为2730万英镑[3]。

对于独立剧院公司而言,因为艺术委员会本身的条款的限制,

1 Arts Council of England (December 1, 1996) The Policy for Drama of the English Arts Funding system [EB|OL]. (London: Arts Council of England)

2 Artstat: Digest of Arts Statistics and Trends in the UK 1986–87–1997–98 [EB|OL]. (London: Arts Council of England)

3 Liz Tomlin, British Theater Companies1995–2014, Bloomsbury Methuen Drama An imprint of Bloomsbury Publishing Plc [J]. First published in 2015, p27.

彩票资金的使用而有所延迟。鉴于当时的经济形势和公共开支的削减，艺术理事会和整个艺术界都预见到了一种危险，那就是彩票的资金将有可能作为法定艺术经费取代其原有的资金来源，而不是仅仅对艺术委员会资金的补充。为了防止这种情况发生并保护核心法定艺术资金，政府规定彩票收益不能用于资助艺术类的"核心活动"，而必须遵循其"附加性"原则。这意味着彩票不能支付公司的运营成本和进行的主要活动，而只能支付这些核心成本以外的"附加"项目，比如艺术彩票资金仅限用于资本的运作，主要是建筑项目，而不能归于艺术类收入，因此，艺术活动继续为了维系生存而挣扎。然而，到了1996年，矛盾变得越来越明显，即很多闪亮的新建筑出现了，但艺术活动却越来越少。艺术委员会与国家遗产部国务卿弗吉尼亚·博托姆利（Virginia Bottomley）进行了讨论，即如何将一定比例的彩票资金从资本支出转移到艺术发展和艺术内容上，尽管这样的实践对于公司的核心活动而言，仍被定义为"附加"支出。彩票随后的资助计划，包括"人人艺术"（Arts for Everyone，见简称A4E），"人人艺术直通车"（A4E Express），"全民奖"和地区艺术彩票计划（RALP），可以为独立剧院提供很多帮助。他们的目标包括拓展新观众，提高公众艺术的参与度，技能培养及发展青年项目和新作品都非常适合艺术的可持续发展，关注艺术实践本身和拓展观众的方法，而非扩大艺术建筑物[1]。

1　Liz Tomlin, British Theater Companies1995-2014, Bloomsbury Methuen Drama An imprint of Bloomsbury Publishing Plc［J］. First published in 2015, p28-29.

"人人享有艺术"计划的引入,对独立的剧院生态系统有着深刻影响。该计划针对的小型组织可能竞标价格高达5 000英镑。"人人艺术"计划为5 000个小型艺术项目带去了2.1亿英镑的扶植资金[1]。

四、剧院专业人士发起的COVID-19剧院智库

2020年4月,在新冠疫情下,CTT由制片人兼公关人马特·罗斯(Matt Ross)创立了专门针对疫情成立了演艺智库,即COVID-19剧院智库(简称CTT)是一个由美国各地剧院专业人员组成,代表从百老汇到非百老汇区域剧院,创造多个学科和行业的交流平台,剧院智库并不正式隶属于任何工会或剧院团体,而是与业界共享信息,提供交流的平台,剧院智库已启动了一个以帮助全国剧院确定疫情相关风险并促进剧院发展的网站。由三位来自各个学科的戏剧制作者以及来自纽约市立大学(The City University of New York)公共卫生与政策研究生院的流行病学家团队组成。CTT从最初关注和剧院相关的40个领域,现在正在开展动态模型研究,该小组从公共卫生数据中提取信息,专门为疫情防控期间剧院如何防范病毒扩散制定了指南,其目标是为全国的剧院提供一个剧院重启计划,例如,COVID-19剧院智库网站提供了通风系统的消毒指导,为剧院与工程师讨论重新配置通

1　FitzHerbert, Luke and Paterson Mark, The National Lottery Yearbook 1998 [J]. Edition (London: The Directory of Social Change).

风系统提供方案。该指南建议调整通风系统，控制空间中的二氧化碳浓度，新鲜空气的循环对防止病毒扩散起到积极作用；并对人们在剧院周围移动的方式进行模拟，通过模拟预测剧院周围是否会有人群拥堵的可能，模型还可预测观众人数与循环空气百分比是否会加剧疫情扩散[1]。

剧院智库（CTT）也与演员权益协会，舞台导演和编舞协会等工会、美国音乐艺术家协会合作，聘请了流行病学家来制定应对疫情的安全标准。CTT与一流的健康专家合作共同商讨应对突发公共卫生事件的方法，以研究大流行之后演艺行业面临的一系列特殊挑战，因此，在政府制定任何政策前，需要弄清楚风险及社会各方要素。CTT针对正在发生的疫情，以及对剧院运营，员工和观众带来的变化进行科学分析，为全国各类规模的剧院以及艺术家、工会、行业组织提供资源服务[2]，也为政府制定演艺行业的疫情防控政策制定提供了有效参考。

五、国外演艺基金会、艺术联盟等经验
对中国演艺智库的借鉴与启示

虽然，上述案例所论述的德国柏林歌剧院基金会、"美国人

1　Caitlin Huston COVID-19 theater think tank looks at reopening strategies[J]. Broadway News, June 17, 2020. https://broadwaynews.com/2020/06/17/covid-19-theater-think-tank-looks-at-reopening-strategies/

2　CTT.[EB|OL]. https://www.covidtheatrethinktank.org/

的艺术社区"、美国艺术理事会、英国艺术理事会等机构还不属于成熟的演艺智库,但是,它们所发挥的作用已经是起到了演艺智库的某些功能,也可以看作是演艺智库的发端。

目前,中国演艺行业存在着缺乏资源整合、有竞争力的剧目生产、资金匮乏等问题,这些问题阻碍着中国剧院的健康发展。比如,不少剧院投入了大量的人、财、物生产的一部剧目,没演几场戏,就"刀枪入库";或是演艺机构缺乏真正有吸引力的艺术作品呈现,门可罗雀的惨淡经营局面。剧院、院团都在同一个城市和区域,但并没有进行资源整合、共享,存在产业链割裂的局面,造成了资源的巨大浪费。剧场只能靠出租场地维持运营,院团、艺术家、节目不能进剧场充分发挥作用,导致大量空间闲置浪费、效益低下[1]。因而,从上述艺术智库的运作中可以学习到很多有借鉴意义的理念与运作方式。

(一)科学决策

柏林的文化经济倡议于2004年启动,现已发展成为一个柏林州跨机构和跨部门倡议,得到了企业,互联网,行政机构和政党的支持。

相比之下,中国剧院和院团的建设既有各级政府也有企业参与,投资建设都是由多元部门构成,但在决策方面,时有错误决

---

1 陈平.中国演艺生产模式应向"场团融合"转变[EB|OL].中国青年网.https://k.sina.com.cn/article_1726918143_66eeadff02000t8c6.html?from=cul|2019|11|24

策导致的人财物的巨大浪费,出现了问题谁都不负责的情况。比如,因缺乏科学合理地规划新建剧院,剧院建成之后往往要进行二次施工,造成巨大的社会资源浪费。

从柏林歌剧院基金会职能及管理架构上看,咨询委员会、董事局、执行委员会各司其职,对于人财物的决策具有程序性、择优性、指导性和创造性。

对演艺行业方面的研究方面,由"美国人的艺术社区"组织联合全美艺术家发表的一项名为(AEP5)——"艺术与经济繁荣5"的经济影响研究,(AEP 5)是有史以来艺术经济调查最全面的研究。AEP5的调查得出的结论:对城市艺术的投资可以提高居民生活质量和满意度,也能刺激当地经济活力,带动经济发展,这也证明了长期以来"投资艺术活动是以耗费当地经济为代价"的错误论断。报告证明了艺术对当地经济的带动作用;以及艺术为社区带来欢乐,灵感和活力。它们也为当地创造就业机会,是为政府收入和旅游业增加提供直接经济利益的行业。

美国国家艺术基金会和经济分析局(BEA)于2021年5月发布的新数据描述2019年艺术和文化部门对美国国内生产总值的国家和州级的贡献值。这些数据来自艺术和文化生产卫星账户,ACPSA跟踪来自35个商业和非营利行业的艺术和文化生产的年度经济影响。来自35个行业的范围从建筑艺术、美术教到录音行业。上述案例说明,每一项重大决策不是领导者个人拍板决定的,而是通过了充分地集体讨论,由专业人员参与,运用科学研究方法,特别注重智囊团在决策中的参谋咨询作用,其决策过程一般都经过发现问题、确定目标、调查研究、拟订方案、分析评估、择优决断、反馈追踪、修正完善等程序。

（二）明确业务范围　提高品牌辨识度

柏林以瓦格纳，门德尔松，舒曼，李斯特等人的音乐而闻名，巴赫在柏林度过了他最辉煌的岁月，并写下了复活节杰作，以及圣马太和圣约翰受难曲这样伟大的乐章。历史文化提高了城市辨识度，成了一个城市宝贵的无形资产，柏林歌剧院基金会将历史瑰宝运作成为文化产业化运营模式，柏林歌剧院基金保留了数百年的歌剧形态，又融合了现代科技元素，让古老的歌剧艺术形式在社会中保持活力，并能与时俱进地创新艺术作品，创造出了感染人心、高水准的艺术剧目，丰富了社会生活文化，提升了公众的社会审美能力，并与观众保持良好互动。

因此，中国演艺行业要对自身发展有清晰和精准地定位。第一，因地制宜发挥地方文化特色，形成每个剧院优势。第二，吸收传统文化精髓，融入市场，寻找目标观众，有利于建立和拓展一批稳固的观众和会员群体。

美国剧院顾问协会（ASTC）明确提供业务范围为剧院规划提供专业咨询，明确职责和定位，更容易树立品牌辨识度。

（三）资源整合

学习国外演艺基金会、智库的方式整合人财物资源，让人财物发挥最大效应。柏林歌剧院基金会利用有限的剧团、剧院和行政资源,为三家剧院创造了更多艺术创造空间和探索的可能性。剧院不是包罗万象的单位,不能搞大而全小而全的体系,让剧院以"艺术生产创作"为主业,遵循艺术生产和创作规律,很多功能可以从剧院中分离出去,由剧院服务公司承担。有效利用场地,有计划地推出演出季,让舞台成为艺术表演有效空间。让历史悠久的艺术形式焕发出生机的柏林歌剧院基金会的运作方式为中国剧院和院团提供了可借鉴的运作机制;为政府在出台文化产业政策提供了新的决策依据;同时也为探究如何优化中国院团和剧院硬件、软件的资源配置等方面带来了新的路径。柏林歌剧院基金会协调多方资源、运营管理及决策等方面给中国剧院提供了宝贵的经验。

美国曼迪咨询公司,在20世纪90年代就开始建立演艺人才及平台的数据库。曼迪咨询公司成为世界演艺人才集聚平台,是演员、电影和电视工作人员、戏剧专业人士、儿童演员、配音艺术家、舞者、歌手、音乐家、模特和临时演员的创意社区,也是人才和平台的连接纽带。

在新冠疫情防控期间,各国也临时成立了演艺智库联盟,旨在通过统一渠道来管理剧院或艺术家,让备受打击的表演艺术行业能在危急关头群策群力,互通有无,同渡难关。特别是在重新开放剧院有一系列举措,比如通风系统及消毒规范和人员疏散等都需要统一执行标准,为观众提供良好、安全的观演环境。

(四)创新无止境

演艺机构创新需要一批创新型人才,管理经营人才是运营好演艺机构的关键要素。需要演艺剧目内容、形式创新与营销创新。在创新的前提下,才会打造出"思想精深、艺术精湛、制作精良"艺术作品,这样的艺术作品会成为经典而经久不衰。从经典中发掘出更多新意,或融入现代元素也是创新的一个重要切入点。同时,演艺机构更需要一批有竞争力、经久不衰的剧目。比如,德意志歌剧院,在音乐总监唐纳德·朗尼尔斯的领导下既重视创作当代剧目,也继承、发扬了传统经典剧目。这些经典剧目是支撑剧院发展的关键要素,这些丰富的表演曲目包括从莫扎特到威尔第和瓦格纳,再到施特劳斯和普契尼。开发出来的现代经典剧目要经历市场以及时间的考验。剧目的继承与创新的重要意义是不言而喻的。

(五)多渠道资金筹措

资金是每个演艺企业生存的基础。国外艺术机构以基金会的资金筹措方式,为中国剧院的发展提供参考思路,柏林基金会运作下的剧院从"政府补贴+票房+场租+赞助+衍生品开发"的形式兼顾了经济效益与社会效益。又如:对英国艺术理事会的资金筹措经验借鉴。中国几乎所有的剧院都缺乏足够的资金,但往往都是通过"等、靠、要"来维持发展所需的资金,面临生存危机,把院团完全推向市场也不符合演艺行业的发展规律,因为演艺行业在一定程度上而言,也是社会公益的组成部分;但仅仅靠政府拨款生存,演艺行业又失去了发展动力。因此,演艺行业资金筹集在政府拨款的基础上,还可以通过多元筹资方式保证演艺机构正常运营。这样开拓演艺机构资金渠道，让演艺机构解除了后顾之忧，才可以在艺术创作方面获得更大的发展。

约翰·梅杰（John Major）在1993年提出的"国家彩票"的举措，为演艺行业获得了良好的财务收益。

总之，上述案例只是研究国外演艺智库运作的理念与实践，中国演艺行业还可以总结其他国内外演艺基金会、"国家彩票"成功运作经验与机制，为演艺行业更好地发展提供借鉴与启迪。

（六）通过建立数据服务平台，更好地制定演艺政策

美国国家艺术基金会和经济分析局（BEA）于2021年5月发布的新数据描述2019年艺术和文化部门对美国国内生产总值的国家和州级的贡献值。这些数据来自艺术和文化生产卫星账户（ACPSA），ACPSA跟踪来自35个商业和非营利行业的艺术和文化生产的年度经济影响。来自35个行业的范围从建筑艺术、美术教育到录音行业。

由"美国人的艺术社区"组织联合全美艺术家发表的一项名为（AEP5）——"艺术与经济繁荣5"的经济影响研究，（AEP 5）是有史以来艺术经济调查最全面的研究。它从341个研究区域获得数据，社区人口从400万到1 500万，代表所有50个州和哥伦比亚特区，不仅可以量化当地经济影响，还可以量化艺术对国家的影响。

从美国和英国类似智库功能的艺术机构来看，演艺智库的核心是建立演艺产业指标与数据库资源。演艺咨询公司及行业协

会的模式,为演艺行业搭建合作平台。这些机构都有获取演艺数据,并分析数据,建立指标的功能,对这些数据、指标进行长期追踪可以看出演艺行业的动态及发展趋势,有利于当地艺术管理者有效科学管理,也为机构运营提供更多参考及便利。通过跟踪指标数据,能及时发现存在的问题,这样能为政策制定者出台相关政策提供客观依据,也为解决演艺行业的问题,促进其发展提供更直观的数字画像。

第七章 —— 中国演艺智库组织构建与运营机制创新研究

一、演艺智库组织构建

中国演艺智库的组织架构分为两个平行部门,目的是有利于管理和沟通。一般而言,国外优秀剧院基金会的组织机构一般设置为理事会、执行委员会和顾问(学术)委员会,按照适度化的规章条例进行管理。其中,理事会负责确定智库的目标是名和价值标准;执行委员会负责智库的日常运作,内部往往细分行政、项目、财务、联络等部门;学术委员会负责把握智库研究的前瞻性和方向[1]。在借鉴国内外优秀智库组织构架的基础上,在此提出演艺智库组织构想,演艺智库组织管理体系分为两大类:一是科学研究;二是行政管理,如下表。

表 7-1 演艺智库组织管理体系

	部　门	部　门　科　室
演艺智库 组织体系	科研部门	学术研究与项目管理
		演艺产业大数据分析
		政策与行业咨询
		教育与培训

1　薛向君. 国外警务智库建设的经验及启示[J]. 智库理论与实践, 2017(3): 17-24.

部　门		部　门　科　室
演艺智库 组织体系	科研部门	专家库建立与更新
	行政管理	演艺智库基金会运营
		行政事务：人力资源、财务管理
		对外联络部

（一）演艺智库的研究部门职能

科学研究涵盖四个部门，分别是学术研究与项目管理、剧院管理大数据分析、政策与行业咨询、教育与培训等部门。

1. 学术研究与项目管理

科研部门主要负责建立演艺研究的专家团队、人才培养、成果应用的支持体系，从剧院管理的科研角度出发，能从大量的现实案例中寻找发展剧院的科学规律。

构建一个全国演艺机构和国外演艺机构学术交流平台；建立演艺管理联网平台，传播相关专家或机构的研究观点和研究成果。利用平台进行广泛发布和传播演艺智库学术成果，建立自己的研究团队，通过与专家和研究机构实现成果共享、品牌共享。为全国演艺机构提供策划、研究选题、制作、分析、评价等环节的智力支持。帮助演艺机构开拓更有效、更具竞争力的运作机制；还可以深度介入演艺项目策划、运营模式、节目制作、分析、评价等艺术生产创作的每个环节，请专家针对性地对演艺产业存在的问题进行研讨,并提出解决方案。

2. 与相关机构建立大数据分析平台

目前,很多演艺机构都在打造"智慧演艺",演艺智库可利用网络平台对演艺管理资源检索、观众分析、会员系统等一系列智能服务有机集成体系。

与票务公司以及行业协会合作,充分利用大数据分析结果,定期发布对演艺产业报告、对全球演艺形势进行评估、对演艺生产领域的动态进行跟踪,预测演艺产业发展走向,发布演艺产业指数;或就演艺机构重大活动发布实时的分析和艺术评论报告。出品权威的演艺产业调查数据和高质量研究报告,为政府策决提供多维参考方案。

演艺智库可以通过搜集分析机构数据,帮助数据研究,有机衔接和相互渗透信息管理与信息的资源。演艺智库通过和智慧平台共享资源,可以采集数据、需求研判、数据分析、运营管理、成果服务五个方面的基本流程。

3. 政府与行业咨询

为政府与行业提供咨询服务,并通过选拔演艺管理人才和艺术家资源,构建专家库,整合、组织专家或研究机构的最新研究成果。这样政府可以根据演艺智库咨询报告等产品,针对行业现状、面临难题出台相关政策;演艺机构管理者也可以借助这个对话机制,为演艺智库研究课题提供现实案例。演艺智库通过政府、业界和学界的对话,进行更深层次分析,提出解决方案。

4. 测算演艺的带动效应

美国和英国等发达国家,已经对演艺行业产生的经济带动效应进行了研究,并得出了具体的经济带动效应测算。根据笔者对调研国家统计局及北京市统计局情况表明,目前,中国现实情况是还没有针对演艺行业对经济的带动效应的统计与测算。因此,中国演艺智库应该对演艺行业的经济带动效应进行研究与测算,为演艺产业提供决策依据与参考。

(二)行政管理

行政管理涵盖四个部门,分别是中国演艺管理发展研究基金会、行政事务管理、财务部、对外联络部四个部门。

1. 演艺智库基金会

演艺智库基金会主要职能是建立筹资多元化渠道,争取政府支持以及行业机构、企业赞助,剧院研究基金会可以借鉴柏林歌剧院基金会运作方式,聘请政府和行业精英担任基金会负责人,通过换届选举形成可持续发展模式。

2. 行政事务管理

行政事务管理包括了智库的行政事务管理、办公室日常管理,包括相关制度的制定与落实,还涉及办公室物品管理、文书资料管理、会议管理、安全管理等事务管理,以及整个智库的运作。构建科学性和合理性智库人才招聘、选拔、录用、管理、考核、培训等一系列的机制;为科研项目顺利开展提供物力和人力保障;负责与专家和外部进行联络,建立专家资源库以及发放劳务等事宜。简言之,科研机构主要职责是研究和咨询;行政部门主要职责是筹资及行政管理,确保机构的正常运作。

3. 财务部

演艺智库财务部门保障其运营所需要的各项资金运营、分配到每一个职能部门，参与运营预测与决策，监督与管理智库的各项活动与财务计划的执行情况等。

4. 对外联络部

该部门担负着举办重大剧院管理交流活动，并通过定期举办行业论坛，为政府、行业机构、艺术创作团体和艺术专业高校等机构建立沟通平台，形成演艺智库和社会活动的联动机制。此外，开展演艺智库内部论坛、讲座、沙龙等，为各演艺机构提供日常的培训和智力支持以及各剧院互动的平台。对外联络部将和各方专家和研究机构，共同举办各种经济交流活动，就共同关心的国内外演艺产业问题做深入研究、开展讨论、扩大共识。

二、构建演艺智库机制

（一）创新机制

创新思想是智库核心竞争力的体现。因此，演艺智库必须形成创新机制，主要体现在理念创新、方法创新、内容创新三个方面。

理念创新：产生新思想与提出政策选择是智库的基本任务[1]。生产出具有科学性、前瞻性、指导性、针对性演艺机构管理、运营

1　张月鸿，刘登伟. 科技智库建设的多层次图景分析[J]. 智库理论与实践，2018（1）：2-13.

对策建议与研究就成果。提出新思想、新成果。独立性是智库的本质特征。构建演艺智库的概念体系、提炼独特的演艺管理学术思想与理论框架。

方法创新：过去演艺领域的研究方法主要是以定性研究为主的研究方法。在互联网、大数据的背景下，必须建立数据驱动型智库研究的新方法及不同案例，依靠长期积累的数据库、案例库及其计算分析方法，基于事实、数据、案例、模型、模式进行实事求是地计算与分析[1]，得出研究结论，预测未来的变化与趋势。创新研究方法与工具，确保演艺智库研究的科学性和权威性。

内容创新：瞄准当今演艺产业面临的新变化、新趋势、新问题，最紧迫的现实和战略问题，设立新选题、新的项目，提出多维的解决方案。跨学科、跨机构协同作战，充分体现协同创新本质。

（二）人才培育机制

人才是智库的核心，没有人才，硬件设施非常完善的智库也是一个空架子。从提高全国演艺机构管理现实意义出发，构建一整套相应的人才选拔、任用、考核、培训、激励、交流等人才机制，培育一支国际化的视野来打造专业性强、复合型的演艺智库人才队伍。

首先，演艺智库应该为其工作人员创设科学性与艺术创意相

---

1 张志强，苏娜. 国际一流智库的研究方法创新［J］. 政策与管理研究，2017（12）：1371-1378.

结合的工作环境,既可以用学术机构的管理方式,也要有管理艺术从业人员的管理方式,演艺智库不同于一般智库,应该营造充满自由、艺术性、个性突出与创意性的氛围。其次,在智库人员招聘与培训方面,既要选拔学术性强的人员,也要考察人员的实践能力,培育跨学科专业、学历、工作经历等多元化的人才队伍,不拘一格降人才。再次,学习欧美国家的智库"旋转门"机制,在该机制的应用中,政府部门可以安排具备政策研究理论知识与专业能力的公务员为智库提供指导;智库机构则可以派遣研究人员到政府部门学习调研,实现人才双向交流;最后,世界上大多数智库都有自己培养人才的教学研究机构,承担人才的培养任务[1]。演艺智库可以通过奖学金项目和研究课题与高校、科研机构建立演艺智库人才定向培育机制,演艺智库可以为高校毕业生提供实习平台。一方面高校为演艺智库输送人才,另一方面,可以在实习过程中选拔演艺产业后备高端人才。

(三)演艺智库决策咨询机制

建立健全演艺智库决策咨询机制是其发展的必要条件[2]。首先,通过信息技术与科学分析工具、大数据、智能化等先进手段的应用,实现演艺智库研究成果的专业化、数字化、智能化,以确

1　占学识. 国家治理视域中的中国特色新型智库建设[J]. 湖北行政学院学报,2014(5):32-37.
2　栾瑞英,初景利. 国外典型高水平科技智库运行机制剖析与启示[J]. 中国科技论坛,2017(11):174-178.

保演艺智库研究成果具备前瞻性、科学性、客观性而起到对演艺行业的指引作用；其次，形成自上而下与自下而上的研究课题选题机制，经过反复、慎重选择有价值的选题，从源头就把控好质量；再次，构建灵活的项目组建机制，根据选题的内容与特点来选择跨学科、专业性强、素质高的研究团队；最后，建立数据库、案例库、专家库，发布相关的论文、研究报告、专著，为中国演艺机构提供科学、针对性强的决策依据与建议，以促进中国演艺产业的发展。

（四）评估机制

高质量的演艺智库研究成果是其赖以生存与发展的基础，因此演艺智库应该建立研究成果质量标准与评价机制。优秀的智库通常会有对成果的严格质量监控。演艺智库要建立完善、客观、科学的研究成果制度评价制度，确保其成果的科学性、客观性与权威性。演艺智库处理的课题，一般分为应用和理论两个类别，在处理应用型课题时，应建立项目立项、项目中期、项目成果的评审制度，并由专家委员会严格监督与评估；衡量演艺智库理论成果，可以采用期刊上发表的文章数量，参加政府听证的次数，参加电视访谈的人数，论文、报纸引用次数。智库的产出和活动可以作为评估智库影响力的间接指标[1]。在实践基础上丰富剧院

1　吕青，栾瑞英. 美国智库发展经验对中国特色新型智库建设的启示[J]. 智库理论与实践，2017（1）：84-91.

管理运营及艺术影响力等相关理论。

　　演艺智库应该从实践与理论结合的方式来建立评估机制,该评估机制分为以下三个层面:① 建立专业权威机构与专家、艺术家、演艺机构经营者、观众的联动机制评估体系;② 在内容上构建理论与实践相结合的评估指标,建立社会效益和经济效益并重的科学评价方法,检验其研究成果所发挥的导向性、促进性和示范性作用的情况,是否形成新的理论框架与观点;③ 从全过程进行追踪评估:一份高质量的智库研究成果要经过从数据采集(Data)到信息处理(Information),再到智力成果(Intelligence),直至可实施方案(Solution)的全过程[1]。

　　(五)成果推广机制

　　智库产品作为一种无形的社会资源是人类智慧的结晶,对社会发展有其重要的指引作用。因此建立演艺智库的成果推广机制是非常必要的,但打造演艺智库的影响力与公信力是一项长期、艰难的过程。其推广机制如下:联合媒体资源,通过建立自己互联网网站及公众号,通过平台发布中英文报告,扩大国际影响力对其成果进行广泛发布和传播;同时,通过利用广播、电视媒体、互联网媒体等方式传播研究成果;定期召开演艺智库论坛、沙龙,通过学术会议、培训、媒体宣传推广演艺智库成果,提高

1　吕青.从智库研究理论到科技智库建设:专访潘教峰院长[J].智库理论与实践,2016(6):2-5.

其影响力。

(六) 基金筹资机制

建立完善的智库资金筹集制度,拓展资金渠道[1]。但同时要保证演艺智库第三方的中立性,演艺智库建设既需要国家财政保证稳定的基础经济来源,又要多方吸纳各种渠道的资金,保证能出有质量的研究成果。其机制将以政府扶持+项目形式,获得基金会资助+行业与个人捐赠+提供有偿的咨询与培训服务+通过成果转化获得资金+智库负责人通过自己的渠道获得资金[2]等模式来获得智库运作的资金保证。学习国外智库的理事会制度也是智库资金筹集的路径。在理事会制度下,其基金主要来自理事会捐款、会员捐款以及基金会捐助等[3]。

(七) 演艺机构资源整合机制

演艺智库肩负探索建立演艺联盟组织,促进各机构间形成深层次、规范性、常态化的交流合作的任务。为了改变和完善中国演艺产业传统运营模式,演艺智库可以打造多方演出平台,信息

---

1 谭玉. 金砖国家顶级智库建设的比较及对中国的启示[J]. 情报杂志, 2018 (4): 42-47, 79.

2 赵蓉英, 等. 美国兰德公司发展及对中国智库建设的启示[J]. 重庆大学学报 (社会科学版), 2016(2): 125-131.

3 由薇波. 国际智库发展趋势与中国新型智库建设[J]. 黑龙江社会科学, 2018 (6): 10-13.

交流平台、演艺统筹平台、融创平台、推广营销平台，并通过跨界创新运营平台模式，搭建公共服务平台，拓展全服务领域，建立联盟成员协同运作、跨区域发展，充分融合各方创意，建立国内外演艺智库联盟；打造兼具艺术性和商业性的演艺项目，积极打造演艺产业发展良好生态系统，为演艺行业发展提供全方位服务。所以，演艺智库应该建立与国内外的艺术团体和组织形成资源共享和业务交流的常态化沟通机制。

通过演艺智库平台建立教育、科研机构与演艺机构联盟机制。演艺智库还可以充分利用艺术院校、研究机构等单位和剧院管理者资源，建立演艺智库与大学、研究机构的科研合作共享互惠的关系，演艺智库既能为高校提供实习、培养学生的基地；同时也可以充分利用高校教师、研究人员资源作为研究团队的补充力量，同时也可从中选拔优秀的智库后备人才。如目前，中国音乐学院也成立"全球剧院管理联盟"旨在是全方位提升剧院间合作、剧院管理模式的交流与协作，取长补短、互通有无。

综上所述，文化艺术事业的发展不仅能传承国家优秀的艺术文化作品，促进文化交流的手段；也是社会发展不可缺少的重要因素；同时也是国与国之间软实力较量的衡量指标。中国演艺智库的建设将推动演艺产业的发展。演艺智库既要从其他组织借鉴和移植成功经验[1]，但又要突出演艺智库的特色，在实践中总

1　柯银斌. 中国新型智库的战略定位与运营模式［EB｜OL］. 全球化智库［2016-10-27］. http://www.ccg.org.cn/Research/View.aspx?Id=5131

结出一套符合中国演艺智库的运营模式,即对演艺智库的组织机构、构建专家资源整合、协同创新、人才培养、成果应用、学术交流等机制科学合理设计,专注于演艺产业领域带有全局性、关键性、难点性问题的研究,包括对其发展规律、重大现实问题及管理模式的研究,这样才能使中国演艺产业健康快速发展。

第八章 ——— 未来演艺智库多模式
运作研究

一、演艺智库市场化界定与可能性

智库是从事公共政策研究的机构,是有别于政府机构的,智库致力于运用专业知识和网络活动为多元政策议题提供建议的研究机构[1]。世界各国智库机构大量涌现,很多参与政策的智库不再仅仅隶属于政府机构,出现了行业智库、民间智库与独立型智库等。随着中国社会的快速发展,智库在中国有广阔的发展前景,但因其市场化程度不足,研究经费、资源大多来自政府,对政府部门的依赖性强,而且智库产品大部分是针对政府部门的,例如现有智库中95%是官方智库,仅有5%的民间智库[2];并且其管理也是采用行政化管理方式,盈利模式单一,并缺乏正常的市场竞争机制。而且,智库一些研究成果缺乏市场转化平台,产品往往藏在闺中无人识,加之,缺乏经费支持举步维艰。

总之,中国演艺产业的发展面临诸多问题,迫切需要健全演艺智库决策支撑体系,需要演艺智库以科学咨询决策引领演艺产业发展,演艺智库在为行业、政府、企业带来价值的同时,也体现出自身的价值。因此,如何让演艺智库可持续发展是值得探讨与

---

1 [德]帕瑞克·克勒纳;韩万渠. 智库概念界定和评价排名:亟待探求的命题[J]. 中国行政管理,2014,347(5):25-28,33.

2 国务院发展研究中心. 中国智库发展现状与促进建议[EB|OL]. http://www.drc.gov.cn/xscg/20180213/182-473-2895608.html

关注的问题。加之,各级、各省市的艺术研究机构、艺术院校及专业、演艺行业协会等机构的存在,这些机构对演艺产业研究也起到了积极的作用,这是未来演艺智库建设与市场化的资源与基础,但其作为智库的功能还远远不够,亟须探索演艺智库建设与市场化的机制。

(一)演艺智库市场化界定

智库的市场化运营是指因其遵行市场规律,以服务和产品开拓市场,运用人的智慧进行研发、创造、生产、管理等活动,融合发展关联产业,形成有形或无形智慧产品以满足社会需要。

(二)演艺智库市场化界定

德国智库可以划分为四类:第一类是政府决策咨询机构;第二类是兼有投资功能,属于集团性咨询机构,以协会或科技部门为后盾,为企业提供各种咨询活动,也向有发展前景的企业提供资金,扮演投资人角色;第三类是以技术转让为主的咨询机构,把科研部门和大学院校的最新科研成果及时有效地向企业推广,促进科研成果快速产业化;第四类是纯盈利咨询机构,主要是为企业服务,帮助企业研究产品促销,预测市场发展,探索新技术发展方向,协助企业提高管理水平[1]。中国演艺智库的性质应该既是

1　李国强等.市场化运作模式下的国际智库[N].中国经济时报,2012-12-14(12).

政府决策咨询机构,也兼具有上述第二类、第三类和第四类的一些特征。

演艺智库的市场是决策需求。演艺智库集聚专家团队提出有穿透力的预见预测,以及最优解决方案提出可以落地的实施措施。与一般性研究不同的是智库产出要与决策者形成供给与需求链接,并对决策产生有价值的影响[1]。演艺智库提出的咨询方案可以切实解决演艺市场供需不平衡、信息滞后、决策失误等引发的问题及隐患。

(三)演艺智库市场化的可能性

演艺智库市场化模式是通过传播研究成果、服务社会及谋求自身发展,必须要具有资源、组织、产品和盈利四大要素。

演艺智库产品和其他咨询服务一样,具有解决问题,提供咨询的价值。从演艺机构的特质而言,比如每个演艺机构都有管理咨询、人才培训等服务需求,而演艺智库可以提供相应的服务,从而变现其价值,因此,演艺智库产品具有商品性质。演艺智库的产品具有以下特征:

首先,演艺智库的产品具有现实需求与使用价值。政府部门需要演艺智库提供相关的对策建议,为政策制定提供决策参考;演艺机构需要管理咨询服务,为其提供资源配置、拓展市场、优化

1　王文涛,刘燕华.智库运行和智库产品的评价要点[J].智库理论与实践,2016,1(2):14-19.

演艺空间等信息和培训服务；演艺智库为公众提供了解演艺市场的资讯及知识普及，为行业提供建议和指南。显而易见，演艺智库产品具有使用价值。

其次，智力劳动是指以智力为中心的，具有创造性的、拓展自身知识的劳动，具有以下属性：价值的多量性、劳动的创造性、工作的人本性、形态的多样性、收效的共享性。因此，智库产品的生产也会产生物力、人力成本。智力劳动主要指知识产权、管理经验等，其成本是智库产品成本的重要组成部分。演艺智库产品生产的主要原料是数据、信息、情报、知识，而生产成本则体现为演艺智库组织为获取各种数据、信息、情报、知识的各种付出，购买的各种为分析数据而用的设备、软件以及人力资源成本[1]。

最后，科技进步拓宽了劳动的内涵和外延，科技知识本身虽然不能创造价值，但科技知识武装起来的智力劳动正越来越成为创造价值乃至创造更多价值的决定因素[2]。智力劳动具有很强的创造价值的能力，承认智力劳动的价值，就要承认其具有交换价值，建立智力产品的交换、补偿机制。演艺智库产品具有交换价值，演艺智库可以提供政策建议、管理咨询、人员培训等智力产品，需求者可以购买。

1　郭宝，卓翔芝. 智库产品的属性及独特性研究［J］. 智库理论与实践，2016，1（2）：20–26.

2　刘丹萍. 论智力劳动创造价值［J］. 经济与管理研究，2003（1）：34–36.

（四）演艺智库市场化运作模式

演艺智库的市场化运营一方面扩大智库业务范围和资金渠道，另一方面引进了竞争机制，为演艺智库的长期发展注入活力，其市场化能持续运行的关键是能否建立一个可持续的盈利模式。

1. 为政府提供决策咨询模式

演艺智库为政府部门提供新的创意和行业发展方向等方面的咨询报告，对一些重大问题进行论证，并向行业推广最新的研究成果。为政府演艺政策制定提供参考，保证行业健康、稳步发展。演艺智库开展规划咨询、专题咨询、评价评估、后评价等投资咨询和管理咨询工作，可以保证演艺智库产品既为政府、又可为行业提供咨询决策服务。

2. 专业咨询服务盈利模式

专业咨询服务盈利模式主要是为行业、机构服务，帮助行业、机构制定管理方案，预测市场发展方向，探索新技术、新创意的应用等业务模式。演艺智库作为演艺产业的咨询服务机构，可以形成比较完善的产品链和服务链，甚至可以与文化产业、旅游产业、创意产业、教育等进行跨界合作，采用公司制的管理模式，灵活机动，依托于市场的发展，满足市场的需要。还可以通过合作的方式，承担一些研究课题。并以会议活动、出版物、投资收入和场地租赁等作为演艺智库市场化运作收益。演艺智库可以做专业咨询服务，也可以通过定期举办论坛、沙龙活动，发布行业报告。

3. 会员制服务盈利模式

演艺智库可以通过建立会员制度系统,对每一个企业或机构,提供长期、全方位的咨询服务。可以从下面几个层次展开:第一,对演艺机构提供咨询服务;第二,对演艺机构提供培训服务。培训包括艺术管理、艺术鉴赏、营销策划等方面的培训;第三,建立交流平台,可以让各演艺机构间形成资源共享、互通有无的合作机制。在这三方面展开业务,实现演艺产业发展与共赢。

总之,市场化运行无疑能促进演艺智库创新机制。市场化运行运作是一种市场行为,以需求为导向提供有偿服务,演艺智库通过为市场提供智力服务,激励内部创新;以创新为驱动的演艺智库,通过商业化推广产品和服务。智库产品得到市场反馈,能加快创新步伐,达到价值输送,信息反馈,产品更新的互动机制。

二、演艺智库市场化发展对策

《纽约时报》对美国75家智库调查发现,很多研究者同时具有注册说客、大公司董事会成员等其他身份,不少大公司通过资助智库学者的研究项目获得有利于自身的研究结果,用于游说和商业利益推广,智库研究的中立性和学术属性受到质疑[1]。因此,智库市场化发展过程中一定要建立完善的监控、管理机制,避免

---

1 张朋辉,章念生.美国智库学术属性难言中立[N].人民日报,2016-8-11(3).

出现负面影响。

（一）引入市场竞争机制

通过引入竞争机制，才能通过市场选择及优胜劣汰法则整合资源，留下最有竞争力的智库。演艺智库本身就需要考察市场、熟悉演艺市场运作规律，才能有针对性地提出问题及有效解决方案，演艺智库市场需求出发，按照经济规律推动其发展。演艺智库能否从开始就朝着市场化的方向发展是本文探讨的目标，然而，目前，中国还缺乏付费消费信息的习惯，知识产权保护的意识较为淡薄，所以，建立以市场为导向的市场配置资源体系，从项目的招标、中期检查、结题与后期评价等环节引入市场竞争机制，以保证演艺智库产品质量，让演艺智库可持续发展。促进行业智库市场化就成为解决这一问题的路径之一。

（二）建立科学规范的市场化监控管理体系

建立有效的演艺智库的运营监控管理组织构架，搭建运营监管责任机制。通过内外结合的立体评估模式，建立评价指标，来提高演艺智库产品知名度与质量。构建演艺智库市场化评价指标体系，同时也是监控与评价下属部门的主要依据，对于各项工作达到工作目标起着重要作用。

（三）鼓励资金渠道多元化，建立公开透明的机制

鼓励演艺智库走市场化道路，但演艺智库应该具有政府

资金支持、资金运作、企业、社会与个人捐赠、自筹多元化的资金来源渠道。演艺智库与文化艺术领域咨询相关咨询、培训，可以受政府资助、商业咨询以及企业赞助。作为跨界连接的桥梁，演艺智库在政府、演艺团体以及公众之间承担了决策咨询、政策建议、服务公众、培育市场、管理培训等职责，将应用研究和基础研究转化决策者政策制定参考，其成果有助于提高演艺产业生产效率，为消费者提供优质精神产品等方面发挥了重要作用。之前论述了演艺智库商业性、公益性并存的特征，演艺智库的部分资金来源于政府，用于保证其正常运营，同时也可以接受演艺机构管理咨询和培训业务。根据不同项目制定合理透明的定价机制。建立演艺智库订单多元化，盈利模式多元化机制。建立跨界运作思维，不仅涵盖各级政府部门、本行业、相关行业，还要承接跨界课题研究、管理咨询、企业诊断、规划咨询、投资评价等，把智库变成思想库、专家库、沟通库[1]。

（四）借鉴国外演艺智库经验

鼓励演艺智库汲取国外智库运营方式。国外专门研究演艺智库都是以艺术家为主的工作坊形式出现，比如瑞士前端智库（Prohelvesia），提供艺术家交流、合作平台，为艺术创作提供新的

1　王文涛，刘燕华. 智库运行和智库产品的评价要点[J]. 智库理论与实践，2016（2）：14-19.

框架和思路。另外,2012年由专业戏剧艺术家,全球表演领域的领导者,戏剧与表演研究德里克教授(Derek Goldman)联合主任,以及美国驻荷兰辛西亚大使(Cynthia Schneider)共同创立、发起艺术融合与国际事务相关联的智库。又如全球表演与政策实验室(Laboratory for Global Performance and Politics)是乔治敦外交学院与乔治敦学院之间的一项共同签名倡议,和全球50多个剧院、使馆以及机构进行跨文化、跨领域合作,通过表演让全球政治更人性化,同时让艺术家有效地参与国际事务和外交政策制定,启动了2015年"全球剧院倡议"计划。全球表演与政策实验室由国际知名剧院领袖、艺术家和学者组成[1]。世界剧院组织(ITI)是在联合国教科文组织第一任总干事朱利安爵士(Sir Julian)和剧作家兼小说家普瑞斯特里(JB. Priestly)于1948年创立,创建ITI的宗旨是与教科文组织在文化,教育和艺术战略方面一致。该组织为艺术入门者及专业人士创建了国际交流和参与表演艺术教育的平台,并利用表演艺术增加不同文化间的相互了解,促进世界和平[2]。美国耶鲁大学戏剧学院,伦敦市政厅音乐戏剧学院都起到了智库的功能,从表演艺术实践探索,到理论提升起到了引领演艺产业的作用。

1　Laboratory for Global Performance and Politics [EB|OL]. https://globallab. georgetown.edu/history/

2　International Theater Institute (ITI) [EB|OL]. https://www.iti-worldwide.org/ iti.html

（五）建立国内外演艺智库联盟平台

实现国内外演艺智库有更多融合，提高智库与价值网络上各节点企业的交互作用，促使其在价值链上有所延伸，并融合市场化、国际化、网络化等发展趋势提升其投入与产出效益。构建演艺智库市场化运作团队，采用柔性组织模式，构建实体职能组织与虚拟组织融合的形式，提高演艺智库效能。

中国演艺智库可以通过和国外艺术机构建立联系，洞察市场需求，掌握发展国外演艺智库发展趋势，承担内外沟通的职责，争取每年举办多次线上、线下交流互动活动，比如英国皇家歌剧院、莫斯科大剧院、拉斯卡拉歌剧院、维也纳国家歌剧院、拜罗伊特节目剧院、肯尼迪艺术中心、伦敦巴比肯艺术中心、加拿大国家艺术中心、法国巴士底歌剧院等有悠久历史的艺术中心建立合作，联合剧院管理者定期开展交流培训以及联合项目。这个剧院联盟的形态，并不只是一个宣言和形式，需要市场化团队每年制定活动议程，根据议程来推进每一项工作。所以，演艺智库需要有良好外语背景的专业人才专门负责沟通国际艺术机构，建立国际专家库，定期对专家库成员发布消息，举办活动。

在国内，演艺智库可以与艺术研究机构、高校演艺专业、演艺行业协会、剧院联盟建立合作关系，统筹全国演艺产业资源，提供统筹管理、运营，投资及营销服务，提供专业化管理咨询、培训以及策划等智库产品。

　　未来演艺智库要清晰界定自身的职能权限与职责,这是实现其公益性和市场化均衡发展的重要手段,要科学划分政府机构和演艺智库的责任以及关系,构建互相信任的关系[1]。演艺智库的市场运作必须建立在其专业化平台上,其市场化运营可以体现出独立性及公益性,为演艺产业政策制定提供参考。

1　段丛蕊.政府职能转变与社会公益组织发展[J].赤子(上中),2015(16): 10.

第九章 演艺智库大数据平台构建研究

一、演艺智库大数据平台出现的必然性

随着互联网时代计算机技术的普及与发展，互联网、云计算、大数据、物联网等地出现，产生了海量的、新的信息流，乃至信息的海洋，当这些数据库系统相互之间互联互通，以及数据分析和技术的更新使得更大规模数据分析成为可能，一种新的"知识基础设备"产生了，即"大数据"时代来临了[1]。以数据流引领技术流、物质流、资金流、人才流，将深刻影响社会分工协作的组织模式，促进生产组织方式的集约和创新[2]。大数据推动社会生产要素的网络化共享、集约化整合、协作化开发和高效化利用，改变了传统的生产方式和经济运行机制，可显著提升经济运行水平和效率。大数据持续激发商业模式创新，不断催生新业态，已成为互联网等新兴领域促进业务创新增值、提升企业核心价值的重要驱动力[3]。而在传统的社会科学研究中，无论怎样精巧设计，通过抽样得到的分析结果都无法达到全样本分析结果的准确度。因此保持传统研究的严谨性，运用大数据研究中的数据获取手段，将成为智库提升研究结果准确度和科学性的有效方案。

---

1 Bollie R. D. The Promise and Peril of Big Data [M]. Washington, DC: The Aspen Institute, 2010: 1.

2 谢邦昌. 放眼大数据 [J]. 中国统计, 2018 (1): 9-10.

3 促进大数据发展 推动智慧城市建设建设科技 [J]. 建设科技, 2015 (17): 19.

演艺行业的蓬勃发展能带动旅游业、服务业以及创意产业的发展,发挥其经济效益的同时,能满足人民日益增长的精神需求。然而,演艺行业在数字化进程方面的发展还十分缓慢。由于不少人认为艺术需要情感投入,用数字量化人的情感还是一个未知领域,演艺行业的消费者流量的确不宜达到其他一些行业的流量高度,但演艺产品除了引领和提高公众对美的认知,另一个重要功能就是丰富人民群众的业余生活,其旨在通过艺术来丰富社区及城市文化生活,在人们的精神文化生活中占有不可替代的重要作用。因此,大数据平台的搭建不能囿于艺术领域,还应积极开拓其在科技领域的发展,摆脱传统的研究方式,进行大数据平台搭建,进一步促进演艺智库的发展,把数据变成生产力、创新力,以预测未来演艺市场发展,以及进行有针对性的艺术生产与营销,通过数字营销,精准定位客户群体,为艺术生产和艺术消费创造价值。

因此,建立大数据演艺智库平台的任务就被提出来了。2015年国务院发布的《促进大数据发展行动纲要》指出:大数据是以容量大、类型多、存取速度快、应用价值高为主要特征的数据集合,正快速发展为对数量巨大、来源分散、格式多样的数据进行采集、存储和关联分析,从中发现新知识、创造新价值、提升新能力的新一代信息技术和服务业态[1]。

---

1 国务院. 促进大数据发展行动纲要 [EB|OL]. 人民数据网. http://www. peopledata.com. cn/html/NEWS/POLICY/12.html,2015-8-31.

二、相关概念界定与演艺大数据特征

(一)大数据、演艺大数据与演艺智库大数据平台界定

大数据被描述为这样一个数据集合——它已经超出了既有软件工具获取、储存、管理和分析数据的能力范围[1]。大数据的发展也重塑着原有产业链条,孕育着全新的生产方式。伴随着大数据的发展,也不断激发了各种商业模式的创新发展,产生了越来越多的新业态,已成为互联网等新兴领域促进业务创新增值、提升企业核心价值的重要驱动力[2]。演艺大数据是指演艺机构的数据内容、汇聚、数据处理和分析应用,应用Map Reduce并行技术处理架构,设计基于存储和可并行计算资源的分布式计算大数据处理系统,以及业务管理流程,以达到建立演艺大数据服务目标[3],实现中国演艺机构大数据应用体系架构。从海量数据中分析、提取演艺行业动态,通过预测消费者喜好,将演艺产品和不同消费者群体进行匹配,从而能出台促进表演艺术发展和公众艺术教育的相关政策,定期发布行业报告,更快、更有效地促进演艺产

1　MCKINSEY Global Institute. Big Data: The Next Frontier for Innovation, Competition and Productivity[EB/OL]. http://www.mckinsey.com/business-functions/digital-mckinsey/our-insights/big-data-the-next-frontier-for-innovation, 2011-06.

2　何波,李韵州,马凯. 新形势下网络数据治理研究[J]. 现代电信科技,2016 (5): 6-11.

3　侯春海等. 未来演出场所大数据架构应用的探索[J]. 演艺与科技,2018 (11): 36-41.

业发展。演艺智库大数据平台：演艺产业为了顺应移动互联网和新媒体生态的发展，必须全方位、全天候获取产业发展动态资讯，建议信息共享机制、研判处置机制，对演艺智库提出了全新的挑战，建立演艺智库大数据平台就成为历史的必然。演艺智库大数据平台是指全面收集行业数据，整理数据、检索、分析、应用数据，将其大数据化、模型化、智能化，实时依据用途调用数据，确保使用者进行科学决策，增强智库能力。

（二）演艺大数据特征

大数据是在多样的或者大量数据中迅速获取信息的能力，从中发现新知识、创造新价值、提升新能力的新一代信息技术和服务业态[1]。大数据具有4V特征，即大容量数据规模（Volume）、多样的数据类型（Variety）、快速的数据流转和动态的数据体系（Velocity）、巨大的价值（Value）。麦肯锡全球研究所是这样定义大数据的：一种规模大到在获取、储存、管理、分析方面大大超出了传统数据库工具能力范围的数据集合，具有海量的数据规模、快速的数据流转、多样的数据类型和价值密度低四大特征[2]。这里还增加了准确性的特征，即演艺大数据特征就有5V特征。

大数据具有大容量（Volume）：新型演艺空间数量正在上升，

---

1 电子商务研究中心. 大数据正式提升为国家战略 下一个万亿封口正席卷而来［EB｜OL］. https://cloud.tencent.com/developer/article/1183793

2 大数据价值链及商业模式一览［EB｜OL］. 中国产业规划网. http://www.chanyeguihua.com/2912.html

如果能采集到种类多样的演艺场所数据，可以根据数据大小决定所考虑的数据的价值和潜在的信息。种类（Variety）：数据类型有文本、网络日记、图片、视频、音频、地理位置信息等多样性与个性化的特征，加之物联网的广泛应用，信息感知无所不在，信息海量，但价值密度低。大数据具有处理复杂数据的能力。演艺智库应确定数据采集指标，例如演艺场所的分布地图，演艺机构硬件信息、院线、上座率、平均票价、剧目种类、剧目数量、演出收入、参观收入、不同年龄段的观演者、网络购票渠道等指标确定采集样本的个性化特征。速度（Velocity）：大数据处理速度为"一秒钟定律"，从海量的数据中捕获高价值的信息，时效性高，具有与传统数据挖掘的本质区别。对于数据的反馈可以实时更新，根据不同城市和区域，对数据分析做出趋势判断。

可变性（Variablity）：由于大数据具有多变的形式和类型，它存在着不规则和模糊不清的特征，通过对不同数据的量化分析，把消费者行为转化为信息流。大数据的作用在于通过结构化和非结构化的数据收集，将以往不可描述的部分，变得可视化，从而通过分析处理来寻找规律、预测未来、帮助判断和采取行动。可以挖掘消费者的需求，确定目标群体，在最佳的时间、地点、以正确的方式传达给消费者，促进消费行为，用户洞察，交互体验，精准营销，政策支持。

准确性（Veracity）：重复数据的质量。由于企业信息、交易与应用、社交数据等海量的涌现，因为并不是所有的数据源都具有可靠性，大数据的精确性会趋于变化。如何通过大数据进行数据价值"提纯",是大数据时代面临的挑战。传统数据已经不能适应新的发展,信息的质量与安全性也就越来越重要。这是获得真知与思路最重要的因素,是数据的重要基础。

例如,数据的质量取决于平台数据采集的渠道和方法,比如,演艺产业购票渠道很广,每个演艺机构除了有自己的票务系统,同时也有大麦网、永乐票务、中影票务通等购票渠道,如何能汇集这些数据,并把数据"提纯",即对原有数据隐私性消息进行"脱敏"处理。

演艺大数据可以从剧院演出的剧目种类、演出场次、上座率以及消费者喜爱度等变量对规模级以上的剧院、艺术团体进行数据平台试点搭建。

三、演艺行业运用大数据的优势

(一)大数据有助于提升演艺运营管理水平

大数据在社会经济发展中所起的作用越来越重要,大数据+互联网的发展必然影响到演艺行业的发展。大数据将对演艺产业的生态全球化商业模式产生深远的影响,演艺产业将会有更多的合作伙伴,更多元化的商业平台,更多不同类型的产品。生产出更多符合消费者需求的演艺产品,能吸引到更多人欣赏与消费。

1. 运营管理

大数据与演艺产业结合,可以深度连接演艺产业开发作品、IP运营、视频内容营销等,驱动产业变革。大数据在演艺产品营销推广方面有重要的推动作用,可以根据作品的题材、目标人群、营销成本、档期等要素进行处理分析并提供决策支持。根据消费者对作品评价、预售业绩、消费者个人偏好等提供检测、指导推广的合理性,大数据在留住老客户,发展新客户资源起到重要的作用。

密歇根大学数据科学研究团队(MDST)在"数字科技与表演艺术服务:通过运用人工智能预测消费者喜好及行为"一文中指出,团队通过与大学音乐协会(UMS)合作,利用销售数据为UMS提供分析和商业智能服务。建立了基于数据过滤及推荐系统的机器学习,深入了解消费者的艺术偏好以及表演剧目之间的相似性。为了更好地了解消费者的行为,团队还通过细分消费者群体发现其异质性,并建模预测消费者购买门票模式。最后,研究团队将统计建模与自然语言处理(NLP)相结合,以探讨语言在程序说明中的影响。这些持续的工作为启动有针对性的营销活动提供了平台,通过更有效的资源配置来帮助UMS履行其使命[1]。

基于所构建的演艺智库大数据平台,打造"智慧剧院"。在运营方面,可以利用大数据来进行项目预测,可以根据"脱敏"后的消费者信息,针对消费者的需求来设计、开发相应的产品,建立个性化定制实现了与各种终端的连接。用在线的方式提供各种线上剧目,并形成消费者与艺术家的双向沟通。大数据技术可以分析消费者的海量数据,挖掘出有价值的信息,并利用这些数据

1　Jacob Abernethy, Cyrus Anderson and etc. Data Science in Service of Performing Arts: Applying Machine Learning to Predicting Audience Preferences, Bloomberg Data for Good Exchange Conference. 2016-09-25, New York City, NY, USA.

作为决策的依据。在决策方面，可以通过大数据平台搭建，进行机构运营决策，依托于对过去和当前形势的把握而对未来进行预测。例如 Google 利用大数据来辅助管理者进行决策，利用数据分析改善办公环境，激发员工的创造力，让各部门进行更有效的沟通。

2. 策划营销

近年来，越来越多的消费者更多地使用移动终端、电脑等观看戏剧、影视作品，因此，演艺产业要基于多终端平台联通的理念而构筑，通过生态圈的拓展提升用户参与体验。大数据解决了传统营销面临的难题：对谁、通过什么渠道、取得了什么效果。它可以精准锁定目标人群，并根据互联网上消费者行为轨迹找出哪个营销渠道的消费者来源最多，消费量最大，从而实施优化传播渠道。大数据分析可以让营销者知道消费者的需求是什么，并将消费者分类。目前百老汇也进入了大数据时代，通过数据软件分析哪些节目最受欢迎，一年之中什么时候是筹款的最佳时间，亚马逊公司的案例，杰夫·贝索斯就使用了数据技术来推销图书，所使用的技术是小数据，根据消费者的兴趣爱好，系统就会分类提供推荐书目，但是用户体验不好，后来，贝索斯根据交易数据、沟通数据对用户需求进行分类推销，结果大获成功。大数据为营销策划提供了最有效的资源，这样就可以获得用户需求。

在大数据时代，最有价值的大数据是由多种消费行为组成的场景数据。单一消费者多种数据的交集才有深入分析的价值。例如：消费者到剧院进行消费，这种消费是多样的，包括购物、餐饮、观看剧目等，将这些数据在场景下进行多维分析，其参考价值就大大提高了。

3. 资源共享

第一，演艺智库通过大数据共享平台搭建，通过数据共享及分析，与更多元的数据源建立联系，打通行业壁垒，创造更多资源共享途径；其次，通过数字化平台搭建更加全面的产业链体系，可以匹配艺术团体和剧院的需求，让很多空置的剧院能迎来生机，通过对各类演出团体和剧院特征分类，可以对消费者前往剧院的可能性进行预测；最后，大数据将促进艺术教育资源共享，为边远地区的群众创造更好的艺术教育机会。

4. 把握行业动态

在传统数据分析工作中，数据对时间的敏感度较低，而新技术的发展帮助研究者实现了对海量信息的实时收集，将预测变成了现测，其时效性强的优势将在未来的智库研究中显示出来。

通过大数据平台清楚跟踪国内剧目创新进展，了解国外引进剧目的市场喜爱度。对演出场次、演出场所的票房及观演人数可以做量化分析。例如，2019年发布的国有文艺院团社会效益考核，2020年各部门在六省（市）试行考核标准，考核主要还是以层层上报的方式。但随着演艺大数据平台普及和推广，艺术机构和艺术院团的社会效益可以结合大数据平台进行考核、评测。大数据具有直接面向全样本进行分析的特点，有助于提高智库研究的科学性和准确度；利用大数据可视化特点，对演艺行业动态发展进行实时监测。

（二）大数据促进演艺智库构建

1. 搭建演艺智库大数据平台的基础

演艺研究机构可以分为几类：一是各类艺术研究院或研究所；二是综合性大学的艺术研究院系；三是各个地区的文化和旅游厅、艺术馆等政府管理机构。众多的高校艺术学科与专业、文化艺术研究机构已经成为演艺领域研究的主力军，但其多数项目研究仍停留在资料收集、汇编、整理和现状描述方面，对于现存问题的分析、梳理、提出和问题解决机制缺乏深入探讨，项目研究成果的现实指导作用缺乏针对性与有效性。有影响的研究成果较少，尤其是应用性研究在前瞻性与实效性上还有待进一步深化强化，多数研究成果仅停留在学术研究的层面，大众化、效益化程度低，不能满足中国文化艺术发展的新形势[1]。即众多的高校、研究机构远未发挥应有的演艺智库功能。所以，建立大数据演艺智库平台的基础已经具备。

2. 大数据促进演艺智库科学决策

演艺业内的数据可以作为政府出台相关的政策的科学依据，从而实现科学决策，为更多需要资助的剧院进行针对性管理咨询。过去的研究周期长、视野局限、收集数据困难与成本高、各部门体系的壁垒森严，大数据通过将海量数据与互联网技术相结

1　董明. 从国家社会科学基金立项项目看艺术学科发展现状 [J]. 民族艺术研究,2010(05): 5-9,15.

合,完全可以解决传统研究所存在的问题,它有利于大样本量与非结构化数据的研究分析,并深度挖掘数据,为研究者提供了新的思路、新的视觉与方法[1]。

大数据在经济发展、政府管理、行业决策等方面发挥着重要的作用[2],成为社会发展的驱动力量。在当代社会环境巨变,演艺行业快速发展的背景下,随着大数据时代的到来,信息时代人类的行为会产生"数据痕迹",同时,这些"数据痕迹"也映射着人类的行为方式和运行规律,反映着治理的真实需求,为治理内容的精准性提供保障,推动演艺智库以问题和需求为导向,通过"源头治理",实现精准识别、精准治理。大数据改变了传统的抽样分析思维,代之以全样本数据的相关性分析,全样本数据完整地刻画出演艺产业复杂大系统的整体,让数据说话,用数据决策,深度揭示这些难以处理的非结构化决策问题,提高知策、治策、行策、评策各个环节的科学性。

如何利用新思维、新方法、新资源应对演艺行业面临的各种挑战与问题,而大数据促进了社会数据资源整合、开放共享,获取演艺行业、政治、经济、社会等不同领域的数据,实现基于数据的科学决策,将极大提升"用数据说话、用数据决策、用数据管理、用数据创新"的管理机制,因此,大数据将为演艺智库提供新的

1　张锋,阎智力.拥抱大数据:大数据时代中国高端体育智库建设研究[J].武汉体育学院学报,2019(8):10-16.

2　杨凯.钢铁业发展大数据要打好基础[N].中国冶金报,2015-09-17.

研究方法与视野,咨询管理和决策机制。

3. 大数据有助于演艺智库多元主体合作

大数据的核心价值在于其获取信息的多元性和多形态,打破各个体系、部门的界限,强化社会的共存互惠的关联性,突破部门壁垒,可以达到对事物"见著知微""以大见小"的认知,使不同部门、不同体系从封闭转向开放的管理。智库多元主体之间的互动也是大数据的生成过程之一,智库进行知识生产的过程就是各多元主体对现有知识进行分析、提炼、加工和升华的过程[1],演艺智库只有通过掌握动态数据才能对行业进行评估和预判,其成果才具有公信力。智库对外提供服务,无论是自主立体研究,还是接受客户委托,均应重视多元主体参与智库服务过程[2]。

演艺智库本身就是一个智力库、知识库、数据库,随着智库由"拥有雄厚的资本"向"拥有丰富的信息(数据)"转变,不同领域、不同层面的数据成为智库的智力之源,也使智库多元主体的协同合作成为可能。

大数据平台建设将促进演艺智库多元主体之间的融合发展。比如,演艺智库可从政府部门智库、行业智库、高校智库获取不同数据资源,智库之间的资源分享、利益互惠、风险共担的合作就有了基础,通过大数据平台实现数据开放和共享,产生高效、持久、

---

1 张锋,阎智力. 拥抱大数据:大数据时代中国高端体育智库建设研究[J].武汉体育学院学报,2019(8):10-16.

2 秦佳佳,刘海峰. 背景下智库服务模式探究——以兰德公司为例[J].法制与社会,2019(8):146-147.

稳定的工作效率。目前，演艺行业出现了多元化、网络化、信息化、数据化等特征，"各自为政、画地为牢"的管理模式已经不能应对在复杂的多元主体互联网络中的演艺智库。

四、演艺智库平台构建

演艺智库大数据平台构建具有客观公正，不带有感性、偏见的传统研究特质，使决策更具科学性。大数据平台由顶层构架、功能模块建构与运行机制三个层面构成。大数据平台主要划分为"五横一纵"，即数据产生层、数据交换层、数据存储层、数据应用层、数据访问层"五横"。一纵即数据流调度层。

（一）出台相关政策推进演艺大数据平台构建

演艺大数据平台搭建是一个庞大的工程，需要各个部门的协作，其中政府的支持是重要一环，如果没有法律条文加持，艺术机构／院团很难加入大数据平台，需要政策推动，让大数据平台成为演艺产业发展的动力，只有为艺术机构／院团通过大数据平台获益，才能进一步推动大数据平台的推广，应该根据分散在中国东、中、西部片区的重点剧院和旅游演艺机构进行试点，根据不同区域特点，形成一套对演艺产业数据采集、分析、整合以及回馈的系统，以更好地服务演艺产业，创造更多价值。再整合各级、各省市的艺术研究机构、艺术院校及专业、演艺行业协会等机构资源，形成大数据平台的成果的反馈机制。因此，政府出台推行大数据平台的相关政策是未来演艺智库数据库建设的前提。

(二) 顶层设计

随着互联网＋时代的到来,演艺行业利用大数据开发更多衍生产品。利用大数据技术与"互联网＋"对各种各样形式的数据进行收集、储存和关联分析,创新性的现代信息技术和服务业态。

从数据采集层、数据处理层、数据分析层、数据访问层与应用层的设计,并遵循智库运作的规律来设计演艺智库大数据平台的顶层构架,提升演艺智库工作效率、成果质量、对行业、政策制定的影响力。构建集中化、大容量、高扩展、高可用数据平台,达到能够支持全网型数据、跨部门数据整合、形成集中化管理的数据中心;支持互联网时代更高的时效性;构建动态资源共享能力,支持资源按需供应;构建可重用的标准化数据服务软件,形成规模效应。

大数据已经成为对数据各式各样的海量进行收集、储存和关联分析、创新性的现代信息技术和服务业态。大数据在经济发展、政府管理、行业决策等方面发挥着重要的作用,成为社会发展动力。以数据流引领技术流、物质流、资金流、人才流,将深刻影响社会分工协作的组织模式,促进生产组织方式的集约和创新。大数据推动社会生产要素的网络化共享、集约化整合、协作化开发和高效化利用,改变了传统的生产方式和经济运行机制,可显著提升经济运行水平和效率。大数据持续激发商业模式创新,不断催生新业态,已成为互联网等新兴领域促进业务创新增值、提升企业核心价值的重要驱动力[1]。

演艺智库平台包括三个基本模块[2]。其中包括演艺智库门户模块:社会公众、政府企事业部门作为需求来源、服务对象的边界层,以获得他们委托的研究项目、管理、服务咨询需求;科研协同、辅助、管理功能模块:这是请求服务处理,业务作业的核心层。边界层获取的需求在这里完成工作;大数据模块:为上层提供数据支持,其功能在于数据库的维护、建设、优化。这三个层级的功能推动了演艺智库大数据平台的运作。

(三) 演艺智库门户模块构建

这一模块主要是与外部联系的交互功能,是获取行业、社会机构、政府部门等的咨询服务需求。主要是获取课题、服务咨询等演艺智库的需求,同时,也是向社会公众展示其研究成果、工作实绩,增强社会影响力的渠道。

利用大数据技术,根据服务对象的需求进行精准信息推送服务,开创传播有回声,宣传有反响的新传播渠道。同时,将移动终端与互联网平台结合构建网络调研平台,实现追踪调研与专业化社会调查的常态化。

---

1 卓尚进. 大数据迎来大发展[N]. 金融时报,2015-09-08.
2 谢宏斌. 新型智库建设之"互联网+"大数据平台探讨[J]. 开发研究,2016(2):42-46.

（四）科研管理、协同、辅助模块构建

科研管理模块构建包括全面科研管理工作信息化：科研人员的课题申报、学术交流、调查研究等，还包括科研成果查询、科研经费管理、科研绩效管理的管理体系；科研协同模块的构建：协同模块关键在于利用互联网技术实现各个体系、各个部门的信息共享，各个研究课题跨部门、跨地区的合作研究模式。辅助模块的关键在于提供先进的自动化数据收集、智能化的知识挖掘与数据分析工具，展开研究工作，大大提升研究成果质量和缩短研究时间。

（五）大数据管理模块构建

大数据的本质是数据融合，即把原来孤立的数据关联与融合，通过抽象、加工构建数据资产标签类目体系，严格区分结构化数据和非结构化数据、不同行业、部门数据、数值数据和非数值数据等，不同数据结构采用不同的数据库储存，比如音频和视频；不同领域的数据如经济、文化、政治等数据应该分别建库；非数值和数值数据应该分别标记，以达到满足文字检索与数值模型计算的目的。此外，要重视结构化数据的关联性重建，避免产生数据孤岛现象在此条件下的数据就突出了人本属性、数据的充分利用，不仅极大地促进了工作效率，同时还将深刻地改变生产关系。

大数据管理包括网络数据的抓取、清洗、分类、存储，各方公开数据的抽取、本地化存储，各方数据的开放与共享，本地数据的

查询优化、备份维护等。通过演艺智库数据平台搭建,可以实时更新数据,从互联网提取的海量数据,需要结合各地特色进行关联性分析,演艺智库的职责就是把数据进行归纳、把数据进行提纯和分析才能成为有价值的数据。

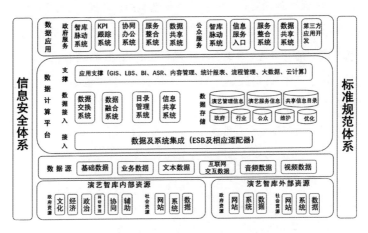

图 9-1 演艺智库大数据平台构建

演艺智库利用大数据建立相关机构的信息分享机制,利用数据挖掘、深度学习等技术,对数据进行采集、管理、分析与展示,为需求者提供有价值的信息,并提供在线知识共享、社会化网络管理、产业经济预测、管理咨询,政府决策等服务。

大数据+互联网是新型演艺智库平台发展的硬件条件和重要支撑。演艺智库平台建设需要知识库、人才库和相关量化数据支撑,要有先进的数据搜索系统,信息化数据平台作为基础。引入市场机制,运用整合思维,创新智库组织形态,组建若干个由各类专家组成的多层级、多领域的综合智库或智库联盟。促进高校、艺术研究院（所）、各级政策研究机构的优化组合，推进不同类型智库运营从分散向集聚转变，实现专业化、协同性和多维共享，运用专业化平台的力量构建演艺智库研究多维体系，建成多元化、优势互补和深度融合的互联网的新型演艺智库平台。通过大数据平台，对学科前沿领域进行密切关注，整合各个艺术院校、研究机构的信息资源，对重大项目进行实时跟踪，对当前社会热点问题和重点领域信息，进行追踪、快速反应，为决策部门、行业提供理论依据、管理咨询等服务。

建立大数据平台并非易事，需要政府相关部门提供相关法律依据，各个演艺机构也需要进行配合。

第十章 —— 演艺智库人才能力与
素质要求及培养

一、演艺智库人才培养面临的挑战与困境

近年来，中国智库建设成为了政府、行业关注的热点。中国新型智库人才队伍建设步伐加快、成效明显、趋势看好，然而，智库人才的创新管理与培养，是制约中国智库发展的重要因素，总体上仍呈现"不够用、不管用、不适用"的格局，仍普遍存在"有人手的多、有人物的少，书生意气得多、能接地气的少，发现问题的多、破解问题的少，注重成果的多、注重效果的少"等现象，培养造就一大批合格智库人才已迫在眉睫[1]。中国智库可从智库人才管理及培养入手，做到以人为本，发挥智库人才队伍的最大潜能，进而推动智库发展。

智库（Think Tank）作为以政策研究为主业、以影响公共决策为目标，生产新知识、新思维、新观点、新理论的"思想工厂"，其竞争力在一定程度上取决于是否拥有一个相对稳定的优秀人才团队，以及人才在选拔、配备、使用、考核、培训等环节是否科学与合理[2]。

演艺行业正面临各种挑战，亟须演艺智库支撑其发展。演艺智库是专业性智库，建设演艺智库对演艺产业的发展具有重要意

1　周湘智. 加紧培养中国特色新型智库合格人才［Ｎ］. 湖南日报, 2018-04-24.

2　朱敏新型智库人才培养创新管理研究［Ｊ］. 管理世界研究, 2016（3）: 178-179.

义。演艺智库的创建需要大量优秀人才,其人才培养是关键动力和根本保障。演艺智库人才培养涉及人才现状、人才培养要求、人才培养对策等方面。本章聚焦如何培养演艺智库人才,提出演艺智库人才应具备哪些能力及素质。

高端演艺智库的突出特质在于其创新力与提供智慧产品。培养一批具有创造力与思想性的人才队伍,是智库建设面临的首要问题。因此,如何锻造一支充溢着思想力和创造力的一流人才队伍,便成为高端智库建设的关键环节[1]。演艺智库涉及艺术管理与其他相关专业。演艺智库具有管理咨询、提供对策、具有前瞻性预测等功能。目前,演艺智库面临着高端人才严重匮乏,表现在以下几个方面。

(一)艺术管理教育滞后

艺术管理学是一门以文化学、艺术学为基础,以现代管理学为指导,以众多相邻学科为参照和借鉴,以研究艺术管理的基本规律为主旨的边缘性新兴学科[2]。在互联网与智慧产业蓬勃发展的新时代,亟须演艺产品营运、善于管理的高端人才,但与艺术管理相关专业的教育仍停留在过去的传统模式中,培养的人才不能适应产业发展的需求。例如,多年来,重技能,轻文化的教育体系

---

1 崔克亮. 从"李约瑟难题"到"钱学森之问"——刍议如何吸引、作育和使用一流智库人才[J]. 新经济研究,2017(10):75-80.

2 马峰. 综合性高等艺术院校艺术管理人才培养的课程及实践教学体系构建[J]. 新疆艺术学院学报,2012,10(04):99-101.

导致演艺从业人员的文化素质总体偏低,缺乏国际视野,有很大一部分学生也不具备跨文化的沟通素质,也不具备新时代所要求的营运管理、营销策划等能力。并且,教育培训资源分配不均衡,有的教育培训项目内容老化,形式缺乏吸引力,教育培训效果差。导致了演艺产业高端人才无论是数量与质量都奇缺。因此,演艺行业在对外交流与营销推广,对内的营运管理等方面存在着很多障碍。

(二)人才选拔机制不健全

艺术管理人才选拔面临欠缺"选拔者、选拔对象、选拔情境(社会环境或管理体制)和选拔中介(选拔原则、方法、标准等)"四个要素。选择面窄,仍以组织任命为主,忽略了市场竞争机制;且选拔标准不科学,忽略了人才本身必备的素质、能力与岗位要求。特别是在此次疫情后,亟须市场营销、网络技术和大数据方面的人才。

由于评价考核、职称聘任、选拔任用、激励保障等机制不健全因素,导致了以下的现状:一方面,高端演艺管理、经营、技术型、复合型人才奇缺;另一方面,随着互联网、大数据、智能演艺时代的到来,有的机构和岗位存在着冗员现象,这一结构性矛盾十分突出,已经不能适应艺术市场人才发展的需要。同时,演艺产业人才流失严重,懂经营、善于管理的人才匮乏,这样的格局导致了对文化资源缺乏深度挖掘,没科学规划,战略布局,策划营销缺乏新意,管理不到位等现状。并且绝大多数的演艺研究机构缺乏科学的人才评价体系，有志于智库研究的人员看不到演艺智库工作的职业前景，严重影响了演艺智库研究队伍的吸引和储备。

（三）演艺智库人力资本投资不足

演艺研究机构长期存在以下的情况：重大影响的精品成果还不多，成果的转化率不高，基础研究力量薄弱。不少学科缺乏学术带头人，面临人才缺乏和科研骨干断层危机。经费投入不足，人才引进困难、流失严重，队伍整合不力、综合竞争力不强[1]。其原因在于缺乏人力资本投资意识，重视眼前利益，存在着不重视从业人员业务能力提高，不注意研究前沿问题的现象。轻视对从业人员的理论、观念、技能、技术等方面的培训。

（四）拥有众多的演艺研究机构、艺术院校，但远未发挥应有的智库功能

随着演艺产业的蓬勃发展，艺术研究机构、综合性大学艺术学院、艺术院校的发展也呈现了快速发展的态势，主要体现在培养人才在数量上激增；在研究成果方面也持续发展，立项课题数量呈持续稳定增长趋势。如从国家社会科学基金艺术学科的立项项目主持人所在单位分布情况看，涉及面广，单位众多，综合性

1　王宏源. 创新地方社科院新智库人才队伍建设的思考[J]. 社会科学管理与评论, 2012(1): 58-63.

大学、师范院校和艺术院校形成了我国高等教育机构艺术科学研究力量的"三驾马车"[1]。

表 10-1　国家社会科学基金艺术学科项目主持人分布 [2]

主持人所在单位	资助项目（项）	所占比例（%）
高等院校	591	66.03
文化艺术研究（所、院、中心）	228	25.47
文化和旅游部（厅、局、馆）	32	3.58
画院（美术馆）	13	1.45
其他	31	3.47
合计	895	100

从表中可以看出，众多的高校艺术学科与专业、文化艺术研究机构已经成为演艺领域研究的主力军，然而，多数项目研究仅停留在资料收集、汇编、整理和现状描述方面，对于现存问题的分析、梳理、提出和问题解决机制缺乏深入探讨，项目研究成果的现实指导作用不能很好地发挥出来。有影响的研究成果较少，尤其是应用性研究在前瞻性与实效性上还有待进一步深化强化，多数

1　董明. 从国家社会科学基金立项项目看艺术学科发展现状［J］. 民族艺术研究.2010（05）：5-9,15.

2　董明. 从国家社会科学基金立项项目看艺术学科发展现状［J］. 民族艺术研究.2010（05）：5-9,15.

研究成果仅停留在学术研究的层面,大众化、效益化程度低,不能满足中国文化艺术发展的新形势[1]。即众多的高校、研究机构远未发挥应有的演艺智库功能。

二、演艺智库人才培养目标定位与素质要求

(一)演艺智库人才培养目标定位

根据艺术产业发展对管理者的需求,按照"学贯中西、精通文理、学以致用、创新进取"的通才标准,致力于培养为演艺产业的发展提供政策研究、管理咨询、产业规划等智库人才,专业基础知识扎实,专业技能和创新创业能力较为突出,实现演艺产业价值的挖掘和创新,能在演艺智库从事政策研究、管理咨询、规划研发、营销策划、经营管理等工作的高级人才。

需要培养能立足于演艺产业实践,亟须对演艺产业人才需求及其特征,行业人才培养的主体及其培养网络构建、协同机制生成,人才培养的创新模式和总体战略等重要问题展开深入系统地研究[2]。围绕新时代演艺智库人才培养的重要内容展开研究,培养演艺产品及服务的创新、创意、策划、研发、经营管理等方面的人才队伍。

---

1 董明.从国家社会科学基金立项项目看艺术学科发展现状[J].民族艺术研究.2010(05):5-9,15.

2 白长虹.文旅融合产业亟需哪些新型人才[EB/OL].https://baijiahao.baidu.com/s?id=1644191455018752604&wfr=spider&for=pc 2019-09-09

（二）演艺智库人才能力培养与素质要求

能力是顺利完成某项活动必备的心理特征。能力是一种综合的整体结构，一名合格的演艺智库人才的基本能力应由以下几个方面所组成：

1. 多学科知识结构背景

（1）人文学科知识要求。演艺智库人才不仅是专才也是通才；不仅要有较高的学历，也要有丰富的实践经验。艺术学作为进入艺术领域的入门学科为专业人员对认知艺术市场及其规律打下坚实基础。演艺智库人才要具备跨学科、跨领域的知识储备及思考方式，除了要掌握管理、文化产业等方面理论与知识，还需要掌握社会学研究方法及精通一门外语作为跨文化沟通工具。艺术管理人才具有多样化学科背景结构，能够开展跨学科研究任务，既有扎实学术功底，又对演艺产业有全面、深入、系统的认知与实践经验，善于深入到演艺产业基层，了解演艺行业的现状、问题，并提出行之有效地解决问题方案。多元化的学科背景可以让研究人员视野开阔，能够辩证地看问题，从而确保结论的科学性和客观性[1]。

（2）熟练运用现代信息技术与研究方法。能较熟练地应用专业知识和研究方法、相关设备和软件进行调查检测、信息获取、文

1　崔克亮. 从"李约瑟难题"到"钱学森之问"——刍议如何吸引、作育和使用一流智库人才[J]. 新经济研究,2017(10): 75-80.

献检索和评述、研究报告和论文写作等科学研究方面的能力。具备深厚的研究功底,能够基于专业知识和科学证据,熟练运用科学研究方法、工具与现代信息技术,具有发现问题,分析问题,解决问题的思维方法,数据收集分析、信息整合方法、综合研判方法与方案构建方法[1]。并能提供专业咨询和解决方案。疫情过后的线上演出已经成了一种发展趋势,演艺智库人才培养应着重利用现代信息技术手段,掌握编程,熟练掌握网络技术工具,进行相关研究。

2. 较强的认识能力

演艺智库人才较强的认识能力包括三方面内容:

(1)观察能力。观察能力是指能在不显著之处看到事物的特性的能力。演艺智库人才要善于观察市场、行业的发展变化、特点,从而全面、迅速地把握行业状况。

(2)有较强的学习、分析能力。具有利用现代信息技术收集、分析、整理数据的能力,并具有定性定量研究分析能力。分析是将观察到的感性材料上升到理性的高度,揭示事物的本质和规律。具备较高的学术素养,具有政策研究、决策评估、企业咨询、对策建议的能力。

(3)预见能力。艺术管理人才的预见能力是根据事物的发展规律,推断和预测未来的能力。智库必须具有未来学的预测、

---

1 牟笛,陈安,张晨阳.科技智库研究方法:进展与趋势[J].科技导报,2018,36(16):62-69.

预警、预判的职能,因此,其研究人员应该站在理论前沿、政策前沿和现实前沿展开超前研究,能预见国内外未来艺术市场发展趋势,并对可能出现的危机与挑战及其影响进行先导性研究,起到预警与防范的作用。

(4)应用艺术管理、文化产业管理及其相关方面理论与知识的能力。演艺智库人才应有艺术创意者、创作者、策划者等职能,既应具有宽广的视野,又应具有细腻的、微观的创造能力;既应富有研究素质,又具有批评内涵;既应有理论修养,也应拥有管理运作的较高水平等[1]。熟练掌握世界及中国演艺产业发展历史和当前演艺产业发展概况;掌握经济学、消费者行为学、营销学、传播学、演艺产业规划与开发、演艺产业项目策划理论知识;掌握演艺产业服务运营管理、演艺产业人力资源管理等演艺企业管理知识和操作流程。

3. 较强的应变能力

对于消费者而言,演艺消费非刚性需求,且演艺市场对外界的影响十分敏感,很容易受到各种因素影响。演艺市场随时面临着各种不确定因素,也常常受到突发事件的影响,面临着各种危机处理的局面。因此,演艺智库人才在处理问题时,沉着果断,善于抓住机遇,排除干扰,既讲政策性,又讲灵活性,善于听取他人的意见,从而正确提出解决方案。

1　田川流.论艺术管理类专业的学科属性[J].南京艺术学院学报,2009,
　(4):102.

4. 创新能力

演艺智库人才以新颖独创的方法解决问题的思维过程,既要从以往的知识体系中发现问题,又要突破常规思维的界限,以超常规甚至反常规的方法、视角去思考问题,在政策分析与咨询服务决策过程中,提出与众不同的解决方法和独创地解决路径,产生有社会意义的艺术创作。结合市场动态,前瞻性地规划上线档期、演出季及展览,敏锐预判发展趋势和前沿方向,用开放的心态接受新理念、新思想、新观点、新设计、新战略,提出超前的、高质量的管理模式[1]。

5. 较强的人际沟通能力

艺术管理沟通是一门艺术与技能结合的产物,它要求管理者必须具有文字写作与语言沟通能力。作为行业的领军者,管理者除了需要与各个领域的人员交流与沟通外,还必须协调好与内部各部门之间的关系。演艺智库人员需要整合各方面信息,要求每个背景不同的人能够更好地相互交流,具备协作意识。对其培养,不仅要注重提升自身表达能力,精确输出个人的思想,在团队相互协作中畅通沟通渠道,还要从智库成果传播角度提升智库成果的扩散能力[2]。因此,演艺智库人才应成为具备良好的语言表达能力、交际能力与跨文化沟通的国际化人才。

1　贾晓涛,钟永恒,彭乃珠.台湾工研院建设模式分析及对产业智库建设的启示[J].智库理论与实践,2017,2(02):49-58+83.

2　宋圭武.智库成果评价及评论员素质要求[J].甘肃农业,2019(02):91-93.

6.“下田野”发现问题能力

作为演艺智库人才,应具备行业规则以及熟知相关政策法规及规律,特别是文旅部颁布的条例、政策等,熟悉演艺市场运作规律,以实践为补充养分的理论提炼功底。要训练从演艺市场现象见本质的能力还需要经常下"田野",也就是到影剧院和演出场所进行实地考察。只有深入调查,才能发现真问题。

总之,能力是具有复杂结构的各种心理品质的总和。作为一种相互制约的多元化的能力系统,演艺智库人才应具有的能力的构成要素之间是相互联系、紧密结合在一起发挥作用的。

(三)心理素质要求

1. 具有求真务实的科学探索精神

热爱真理、追求真理是发展认识和科学研究的重要条件之一,也是认识活动的一种动力。演艺智库的研究人员要善于质疑司空见惯的常识,批评现状,在以往的知识体系中找出问题,并提出新观点,新思维,突破旧的理论框架,有所发明,有所创造。所以,当一个人的科学活动与深刻的理智相联系时,往往会在科学上获得很大的成就。

2. 坚韧性

坚韧性是指在实现目标时能持之以恒地向着目标迈进,在这一过程中保持充沛的精力与热忱,在任务困难面前或威胁利诱面前都毫不动摇,坚持不懈地去实现既定目标。据调查表明,智库研究工作难度大、要求高,还需要具有创新性,所以,演艺智库人员面临着各种挑战与困难。因此,演艺智库人才需要具备坚强的心理品质与健康体魄,在困难中保持乐观的心态,积极提出应对对策,战胜困难;同时,在实现目标时能持之以恒地向着目标迈进,在这一过程中保持充沛的精力与热忱;对所承担的工作,无论面临大多的挑战与挫折,始终致力于深耕研究领域,提出问题。

3. 兴趣

演艺智库人员对理论构建,现实问题的解决有强烈的兴趣,他们具有极大的热情投入到自己的工作中,他们在认识过程中有新的发现,会产生愉悦的情感,这样愉悦的情感又成为其源源不断的工作驱动力,所以,具有这样心理品质的人能忍受常人不能忍受的辛劳与孤独,并能排除各种干扰专注于工作。

4. 独立性

独立性是指人的意志行为价值的内在稳定性,不受他人的影响,对问题有独到的见解,能独立承担工作任务,并积极主动地完成工作任务的心理特质,它伴随着自信、专注、勇敢、认真等责任感的精神。

因此,演艺智库人员应该具有不恪守成规,不人云亦云,能突破传统习惯势力的束缚,具有质疑精神,根据客观事实,归纳推理科学分析之后得出独到的结论,客观独立地开展科学研究,提供决策咨询。

总之,演艺智库人才的素养需经较长时间的积累、砥砺、磨炼和实践才能够形成。这既需要个人一定的天赋和不懈努力,也需要组织机构的发现和培养。

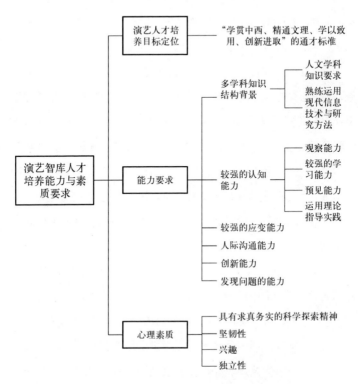

图 10-1　演艺智库人才培养能力与素质要求结构

三、演艺智库人才培养对策

（一）创立具有独立法人地位的中国演艺智库，制定其人才培养规划

艺术研究机构、高校、社会科学院等机构都是肩负着一定艺术智库功能的单位，但这些机构由于历史与现实的各种因素影

响,其演艺智库的作用并未充分发挥出来,因此需要对其智库职能进行剥离,创立具有独立法人地位的中国演艺智库。

根据新时代对演艺智库人才的需求,把握"十四五"战略机遇,对演艺智库人才需求进行调研,并进行一次系统的工作分析。工作分析是指系统全面地确认演艺智库工作整体,以便为演艺智库管理活动提供各种有关工作方面的信息所进行的一系列的工作信息收集、分析、综合的过程。对人力资源的获取、配置、使用、激励等方面进行科学策划,以确保演艺智库人适其事,事得其人,从而实现人力资源与其他资源的合理配置,有效激励、开发员工的规划[1]。

在开展演艺智库工作分析之后,就可以对演艺智库需要什么样的人才,工作岗位的设置有一个科学、清晰的认知。在此基础上,树立超前培养、跨域培养、精准培养、融合培养的理念,将演艺智库人才纳入各类人才计划中,制定专项演艺智库人才培养规划,以聚焦国家演艺产业战略核心领域的学科布局和打造国际一流的人才队伍为基础。

挖掘各艺术机构的智库职能,人才培养是关键动力和根本保障。演艺智库人才培养涉及人才现状、人才培养要求、人才培养对策等方面。对艺术机构进行调研,汇集不同区域,面临不同困境的艺术管理者进行深度访谈,系统调研的工作分析,针对不同

---

1 中国就业培训技术指导中心.企业人力资源管理师(三级)[M].中国劳动社会保障出版社,2007.

问题采取不同培训方案。

(二)产学研联合培养演艺智库人才模式

从现在"有什么专业培养什么人"朝着"未来需要什么人"的方向改革,构建演艺智库人才高校、业界、科研机构培养人才的多元合作培养机制。

培养方向:高校可以组织学生到演艺机构、有代表性的艺术工作室、研究机构实习,引导学生从不同视角、不同学科、不同研究方法做调查研究,收集数据,进行定性定量分析,并提出咨询建议,从而打破学界、业界、政界的壁垒,提升学生发现问题、分析问题、解决问题的政策研究、管理咨询能力。

教学体系:在有条件的学校、研究机构、艺术机构建立科学可行的艺术管理人才培养方案,并设立未来演艺智库工作室,通过双向选择的方式组建团队,让学生能在工作室跟随导师学习。组建创新型教学、研究团队,组建工作小组和合作展开课题合作,在实践中培养人才,形成中国演艺智库人才培养模式。

师资来源:一方面,可以借助社会的教育资源,利用聘请专家、行业精英、政府部门官员、学者等来开课解决师资短缺的问题,例如,跨领域专家、基层管理者也可以成为演艺智库师资来源。

通过挂职、课题、跨学科调研等多种形式进行能力培养,提升研究人员的职业化水平。大力推进学术型人才向智库人才的转型,通过评选智库领军人才、青年艺术管理人才等方式,选拔、储备一批能应对复杂问题智库人才。

以高水平的课程体系、教学方法改革、培养模式创新、国际化和创新实践培养等为支撑，致力于建设"需求牵引、目标驱动、能力培养、质量导向"的高层次创新型演艺智库人才培养体系，以及覆盖招生、培养、管理服务、就业等全过程的质量保障闭环系统，为演艺智库建设提供人才和智力支撑。

增加适应新形势的管理类课程的设置，例如增加演艺行业管理专题、人力资源管理、演艺消费行为学、新媒体营销、观众拓展与会员经营、统计学等，让学生掌握社会发展前端的相关理论与专业知识，能够更好地推动演艺产业的发展。专业应开展实践类课程，组织学生进入相应企业进行实习或培训，学习管理工作的成功经验，并通过对行业动态的了解，掌握更多职业技巧，提升艺术管理人员的专业能力和水平[1]。

（三）建立科学的人才选拔机制

演艺智库人才选拔不应局限于艺术专业毕业生，应注重从不同学科背景、学历、思维方式、年龄、经历等多元化的选拔人才，凸显学科交叉优势，合理、科学配置，让人才最大限度地发挥其创造性。选拔人才的渠道有以下几个方面：

第一，从高校研究生中选拔优秀人才。可以通过实习，参与相关项目等工作，考查学生的能力与品格，作为演艺智库人才来

---

1 李健丽. 新时期中国艺术管理人才培养的探究［J］. 国际公关,2020（6）: 68-69.

源的重要渠道；第二，面向社会、业界、相关研究机构招聘专家、精英到智库参与研究工作，可以采用短期或长期的聘用方式聘请访问学者、项目合作者、高校教师、研究人员等；第三，通过"旋转门"的方式吸纳一批卸任的政府官员，业界精英与著名学者。

在组织机制方面，构建"二元矩阵式"的人才组织结构：第一，建立核心团队，提高专职人才队伍的质量和比例；第二，建立跨领域多元化的兼职专家队伍，第三，根据研究项目的课题需要，组建核心团队与兼职专家合作的研究团队。这个机制纵向是直线主管组织，将所有的研究人员按照学科类别分组；从横向维度，根据研究课题成立研究小组，按照学科、专业的不同选拔研究人员，进行跨学科综合性研究，组建项目团队，从而形成一种矩阵结构。矩阵研究机制的好处是兼收了直线主管组织和横向协作组织的长处，既有利于整个智库的有效管理，同时又符合智库需要多学科专家共同协作的特点，因而它成为现代智库的理想结构形式[1]。

(四)构建"旋转门"培养人才机制

"旋转门"机制是借鉴国外人才培养机制，是指政府、行业、高校、研究机构与智库之间的人才柔性流动，角色转换的制度和双向交流平台。这是一种动态、良性循环的人才机制，通过政府、行业、

1　安淑新. 国外智库管理运行机制对中国的启示［M］. 当代经济管理，2011（5）：88—92.

高校等实现人才的多向流动和角色转换,通过开放性的、多渠道地引入多学科、创新型人才,实现政府、行业、高校及同行之间的多向流动。首先,确定工作目标,管理方案、选拔标准、工作时间等,鼓励政府部门人员到智库挂职,选拔政府部门的中青年人才通过到高校、智库进修学习、跨学科培训,提升理论分析、国际沟通能力;其次,政府部门、行业、高校通过特聘、兼职、公开招聘的方式,派送人员到智库工作一段时间,再回到原单位。并根据工作需要,以兼职教授、顾问等方式聘请退休政府官员、社会精英、行业高管等参与演艺智库有关的研究工作、课题;再次,选派研究机构的优秀人才到政府机构任职锻炼、实习,熟悉政府部门的运作规律,学会如何提出具有全局性、战略性的咨询报告、对策建议。但一定要划分清楚派出单位、挂职单位、接收单位的责权利各种关系,制定相关的管理制度、政策,实现挂职制度发挥最大效用。适当放宽党政干部担任智库顾问、理事的限制,赋予柔性挂职必要空间,鼓励党政干部参加智库课题研究、智库成果评审与修订[1]。

比如,上海戏剧学院和国家大剧院一起合作建立的中国剧院发展研究中心,也属于在文化和旅游部指导下建立的公益性剧院智库。一是通过以上海戏剧学院为主建立全国表演艺术高等教育基地;二是在国家大剧院建立国家表演艺术中心平台,实现演艺智库人才的双向流动机制,为研究人员、高校教师、政府机构人员提供实践平台,为艺术管理者提供培训平台。

1　周湘智.加快新型智库人才队伍思考［N］.经济日报,2019-12-13.

（五）建立演艺智库人才库

开启演艺智库人才的关键是建立演艺智库人才库。人才库是一个将所处行业内各种出类拔萃的人才集合、储备的组织与场所，它也是组建团队、选拔人物、接受任务的人才资源池。通过建立人才库，促进艺术机构健康发展。首先，制定演艺智库人才入库标准，建立多渠道、开放式的人才信息采集人才资源的方式；其次，将收集的人才信息进行筛选和评估，明确人才选拔定义开发人才信息管理系统，将数据进行分类分库，建立统一的人才分类体系，并将进入人才库的研究人员、政府官员、高校教师、博士生等进行分门别类地进行优化管理，一般而言，人才库分为内部专家人才库，外部专家人才库。再次，进行相关人才信息更新、维护，盘活人才资源，为演艺人才战略提供人才保障。

随着时代进步与发展，演出市场也随之变化，挖掘智能时代蕴藏的机遇，在更多挑战中求新求变，砥砺前行，更需要高端人才的支撑。人力资源作为第一资源和第一生产力要素，其发挥着越来越重要的作用。智库国际化发展的趋势要求中国必须尽快发展一批具有创新能力、国际视野、国际化知识结构和国际竞争能力的智库人才[1]。演艺智库人才的培养应该对具备的素质和专业要求进行深入研究，艺术管理专业应吸纳更多领域精英，在人才

1　刘思妗. 中国智库国际化人才培养的路径探析［J］. 智库理论与实践，2019，4（3）：56-64.

选拔、任用、培训、激励、绩效评估上做新尝试。根据演艺智库人才需求，营造良好的人才发展环境，制定其人才培养规划，按照其培养目标、培养过程、培养制度、培养评价，培育一批专业性强、素质高、具有国际视野的演艺智库急需人才。

第十一章 —— 中国演艺智库发展对策

一、出台相关政策促进演艺智库发展

中国演艺智库是一个新生事物,要坚持思想解放,改革创新,突破现行体制的局限性,推动形成符合中国特色的演艺智库运行机制。充分激发研究人员的创造力和研究机构的创造力,促使演艺智库成为行业的引领者。

政策不能直接提升产业竞争力,而是通过协调各要素来影响产业竞争力,政府对产业竞争力的影响是间接的,主要表现通过公共政策来影响产业各要素等[1]。

目前,中国政府先后颁布了《关于加强中国特色新型智库建设的意见》《中国特色新型高校智库建设推进计划》《国家高端智库建设试点工作方案》《国家高端智库管理办法(试行)》以及《国家高端智库专项经费管理办法(试行)》等。但是,出台的这些政策措施组织协调机构还未成立,工作机制也未形成;也缺乏相应的工作平台,总之,政策红利并未充分地得到释放。

要促进政府落实智库建设的相关政策措施,引导社会思潮。演艺智库要承担公共文化职责,需要政府相关政策扶持,确保演

---

1 迈克尔波特. 国家竞争优势,李明轩、邱如美译[M]. 华夏出版社,2002:132.

艺市场繁荣、稳定发展。因此，演艺智库应在全面调研的基础上，制定演艺智库发展规划；并借鉴国外社会各界对演艺智库的扶持政策，梳理整合现有政策，创新演艺智库的财政、金融等政策为支撑的政策体系[1]。

二、构建科学演艺智库发展生态体系

随着中央鼓励文艺发展以及国内经济发展，生态思维已经应用于一系列社会、文化和美学系统，演艺也是体现了社会各要素，反映当代社会风气和审美取向，也集合各个工种，需要多部门协作，演艺本身而言就是一个复杂的生态系统，因此，对于演艺智库的发展，也应该用生态思维来看待。在上述论述中总结过中国现有的艺术管理机构的性质和主要特征，无论哪种性质的智库，都有其存在的合理及必要性，如高校智库，可以为艺术管理提供理论支持，市场化运作的智库也可通过其专业咨询为艺术机构发展提供更好规划或运营管理方案，政府类演艺智库也能从宏观层面为更好落实地方演艺政策或开展活动提供建议或执行方案。不同类型的演艺智库也能符合社会及市场的不同需求。

演艺智库应形成政府统筹、专业集成、多层结合、分工协作的

1　赵迎芳. 山东省演艺业发展现状与对策研究[J]. 山东农业大学学报（社会科学版），2008（2）：21-26.

系统性构架,重新定位与整合各层级的艺术研究机构,形成创新性的系统运作机制,发掘研究人员的潜力与智慧,构建创新性的演艺智库人才队伍,增强自身的造血功能与活力,激发演艺生产力。整合艺术研究机构资源,促进"演艺智库群"和"演艺智库产业"的形成,在实践中挖掘演艺源泉,把握演艺行业的趋势,揭示演艺社会科学问题,促进演艺产业科研、艺术成果产业化、市场化。这就需要一定的载体,加强智力资源的整合,形成政产学研一体化的演艺智库产业集群[1]。

三、用科技手段搭建演艺智库平台

互联网经济扑面而来的同时,物联网已经渐渐走入了社会生活,互联网与物联网已经成为引领演艺发展的方向与动力。演艺产业新的增长点和新的商业模式,它将突破传统的演艺产业模式,超越固有的时空限制,实现舞台与银屏、移动互联网的转化与传播,优化空间布局,集聚资源。因此,要鼓励演艺智库与未来演艺与科技、创意文化、互联网等的融合。首先,要充分认识到演艺智库平台建立的重要意义,这一平台的出现将带来全新的发展格局;其次,准确定位,突出自身的特色,为各级政府部门提供演艺决策参考,为演艺产业提供管理咨询,并追踪产业信息与社会舆

1　李路阳,文柳依.打造推动创新与现代化的智库产业集群[J].国际融资,2020(2):8-16.

论。运用现有技术收集多渠道信息源,开发演艺智库平台,构建演艺政策、艺术家、观众、演艺市场、与演艺相关的法律、剧目制作、教育、票务、艺术家等相关的内容平台,服务于政府艺术管理部门的决策参考和研究者的学术研究[1]。

尽快实现演艺智库研究工作的现代化、科学化、信息化、网络化。然而要迈开这一步也是极其艰难的,必须克服资金缺乏、人才缺乏的困难,必须引进人才,善借外援,所有艺术研究机构合力攻关,倡导学习应用新的科技手段与研究方法,统建艺术信息资料库和艺术信息数据库,盘活现有的艺术资源。

加强交流合作,打通渠道壁垒,创造中国演艺智库发展的新局面。一方面,为演艺智库产品的供给与需求、演艺智库与政府部门之间互联互通的信息交流平台。全面认识国内外演艺行业发展大势,科学把握中国演艺行业发展重要战略机遇期的新变化、新特征;另一方面,辩证看待发展阶段的新机遇新挑战,组织跨体制、跨部门、跨学科研究,形成智库研究"群岛"效应,发挥演艺智库在对外开放和国际文化交流中的独特优势。通过加强媒体合作,建立健全新闻发布机制,运用传统媒体和新媒体等多种手段,传播主流思想价值,集聚社会正能量,形成公正和积极向上的社会舆论导向,努力把中国演艺智库打造成为国内外有影响力的智库。

---

1 刘冰雅,王一川. 艺术新潮呼唤新型网络艺术智库[EB|OL]. 光明网,2017-06-01. http://topics.gmw.cn/2017-06/01/content_24670032.html

四、建立引才、用才、留才、育才的演艺智库人才机制

在科学技术、文化创意、制造业、互联网经济不断交叉融合发展的背景下，构建大数据、互联网、人工智能、旅游业、影视、戏剧、文创、营销策划、设计等专业或行业集成创新的演艺教育体系，为演艺智库发展培育新型后备人才队伍。一方面，对演艺智库人才储备具体提出了要求；另一方面，演艺智库人才缺口巨大，演艺智库亟须培育一批与时俱进、拥有高尚艺术情怀、掌握演艺专业能力的人才队伍。

演艺智库建设中人的要素是首要的，高素质演艺智库人才植根于思维文化根基，演艺智库也是一个开放的常识系统。应以演艺智库人才培养为抓手，科学整合教育与科研资源，培养具备国际视野又有较高人文科学素养的跨学科研究，既能了解国外演艺市场运作规律，又能探索行业发展规律的复合型人才，为专业决策服务。

首先，演艺智库人才引进渠道可以多样化，考虑高校毕业生、政府官员、高校学者、企业界专家、其他类型的智库人才，形成智库人才的结构化储备；其次，建立政产学研四界智库人才环流体系，合理的人才流动能持续为演艺智库注入新鲜血液，通过利用"旋转门"促进智库与非智库间的双向流动。有必要深化智库和高校的合作培养模式，共建新型智库专业化人才培养通道。智库人才介于政府官员与学者之间，在理论研究与应用中探求结合点。这种常识与权力之间的结合也就决定了智库专

家是常识化与执行力的黏合剂。如中国科学院、中国社会科学院可以利用体系内的研究生院,结合高校资源,通过学生参与智库研究项目,实现智库人才的培养。再次,由于政策问题涉及艺术、社会、经济、科技、教育、文化等方面,需要重视培养具备多元文化与多元专业背景的复合型智库人才。最后,营造宽松的演艺智库人才成长环境,才能发挥智库在人才建设上"凝才聚智"的作用。此外,当前国内智库机构的研究人员"学术研究"和"决策咨询研究"两条腿走路,在有限的精力和研究时间内要想做到两条腿同时走稳,不仅要完成论文和专著发表,还能提供决策咨询建议,同时保障这些成果产出能兼顾个人的发展。因此,有必要建立一套针对智库人才的评价体系,从智库人才的成长规律出发,将学术成果和决策咨询成果结合起来,从针对性的评价体系出发,考虑智库人才职业生涯,提供宽松的成长环境,才能保障智库人才不流失。要落实演艺智库研究梯队的培养,按研究领域、方向和课题建立相应的研究室和课题组,形成专业教师、研究生与优秀本科生结合的研究梯队,保证演艺研究的良好传承。根据实际研究和工作需要,可创新吸收优秀本科生进入艺术研究机构进行管理和培养[1]。

因此,应制定演艺智库人才发展规划,加强演艺智库人才培育体系建设,专业教育与短期培训两条腿走路。同时,积极采取

---

1 王顺辉,林学伟.面向艺术工程人才培养的高校艺术研究机构管理创新[J].新疆艺术学院学报,2015(2):95.

把优秀人才送到国外培训、学习,将国外优秀师资请进来的举措。

五、建立演艺智库科学评价机制

智库的政策影响力,是一个智库的核心所在,一个智库对政策制定所起的影响作用大小,是该智库关键价值所在;而智库的学术影响力,则是智库理论内功的表现,只有较为扎实的基础研究,才有可能提出可实施性强的对策研究成果;智库的社会影响力,在于考量一个智库成果的对外传播能力、人员与机构的对外曝光程度、智库的信息公开化程度等,归根到底,是要看一个智库是否接地气;智库的国际影响力,则侧重考核一个智库的国际交流状况和国际化程度,这是对一个智库的更高要求[1]。

演艺智库成果评价机制是建设演艺智库的重要环节。深化文化艺术智库机制改革,在管理机制上创新:形成演艺智库研究成果的转化机制;建立激励制度、项目负责制度与评价机制。评价机制建设是包含评价指标体系建设、评价制度建设、评价程序建设、评价方法完善、评价环境构建等要素的系统工程。只有评价体系中的各个指标相辅相成、相互配合,才能确保评价的科学、公正与适用,才能有效发挥评价的判断、预测、选择及导向功能。健全高校智库评价机制的策略是改进科研评价的方式,探索分类评价机制。分类、多元的评价既是解决学术研究和资政研究二者

---

1 荆林波.构建"四梁八柱"推进智库建设[N].经济日报,2017-12-01.

矛盾的主要路径,也可把资政研究的评价与学术研究的评价区分开来,建立一套单列的资政研究的评价体系[1]。

要加强演艺智库评价的理论研究,设计符合中国国情、切实可行的评价指标体系,提高评价的科学性。其次,要转变演艺智库评价指标体系制订的导向:一是由数量评价向质量评价转变。合理地对待演艺智库成果中专著、论文数量的同时,更要正确评价成果的质量、内涵及学术影响。二是由学术评价向应用评价转变。由于演艺智库的最终目的是服务于政府和社会决策,成果以应用性居多,因此,在指标体系的选取中要充分考虑决策类成果。再次,要结合演艺智库的发展情况、特色及功能,设计评价指标体系[2]。

六、构建多渠道资金来源是演艺智库生存的根本保障

资金是演艺智库赖以生存的基础,资金还关系到演艺智库的独立性与公信力,以及其存在的价值。一般而言,智库的资金来源由政府拨付、社会捐助、服务收费、会员付费等渠道构成。政府应加大演艺智库资金的投入,一方面获得政府的资金支持;一方面加大与行业合作的力度。演艺智库有了行业的资金支持,能解

---

1 左崇良. 高校智库建设的困境、归因与对策[J]. 黑龙江高教研究, 2020, 38 (07): 39-43.

2 许悦. 我国高校智库评价的问题及对策研究[J]. 江苏理工学院学报, 2019, 25(04): 47-51.

决研究经费不足的问题,这样就能够生产出更多的智库产品为政府和行业提出科学、可行的对策与建议。并且,政府应该在政策、税收制度、推进智库的市场化等方面发挥积极的作用,智库本身也应积极拓宽资金筹措的理念、方式、思路,提升资金筹措能力与拓展多元化的演艺智库基金筹措渠道。

演艺的繁荣是社会进步的表现,优秀的文艺作品不仅能满足人民日益增长的精神需求,也能带动的相关产业的发展。2014年,习近平在文艺座谈会讲话中指出实现中华民族伟大复兴,国家近几年对文艺创作的支持力度较大,但对演艺智库的关注很有限。演艺智库作为连接院团、剧院及市场的纽带,可以为耗资上亿的剧院提供专业咨询,为演艺产业的各个要素的健康发展提供保障,也为中外文艺交流提供了平台。

总而言之,本项研究梳理了国内外演艺智库的相关文献的基础上,从以下几个层面探索中国演艺智库的未来发展的可能性模式:第一,演艺市场发展背景及现状,总结演艺产业特征;第二,对中国演艺智库运营管理模式研究;第三,演艺智库人才培养研究;第四,演艺智库数据服务平台构建研究;第五,探索演艺智库商业模式。报告对艺术领域从业者及研究者进行了访谈及对演艺智库的现状及未来预期做了量化研究。通过分析问卷得出演艺智库在现实中并未发挥其本应达到的重要性,分享演艺智库的重要性和现实发展之间存在的落差。通过采访艺术行业从业者、学者、教师得出目前演艺智库形态较为单一,很多类似演艺智库功能的学术机构及政府部门偏理论或政策方向,很少对接演艺行业市场，为剧院、院团提供规划和咨询。一方面，对于演艺智库市场的来发展还需要更多案例研究，找到符合中国国情的演艺智库市场化运营的道路还需要长期的跟踪，另一方面，对于高校和研究机构如何转变自己的角色为产业进行咨询还需要"产、学、研"深度结合，从实践到理论再回到实践。演艺智库要提供具有前瞻性的报告与政策设计方案，使演艺资源实现科学配置，为政府部门与产业献计献策，成为决策者的"外脑"。可见，要建立立体发展的演艺智库还是任重而道远的系统工程。

本项研究还需要进一步探讨的方面：

由于笔者专业与学识的限制，本项研究对于搭建演艺数据平台的技术问题没有进行深入阐述，需要专业人员在此方面进行系统研究与进一步阐述。

报告围绕演艺智库的运营模式阐述，主要关注的是线下运营模式，对大数据分析上，缺乏更加深刻，不同的看法和判断，没有把更多的看法和可能性尽可能呈现多种可能性趋势呈现出来。随着技术发展，演艺业逐渐实现线下＋线上混合模式，演艺智库如何利用网络平台更好为演出内容进行策划也值得进一步探讨。

由于中国智库与国外智库有国情上的差异，如何对国外智库经验借鉴与移植进行选择，也是值得进一步研究的问题。

提出演艺智库的创新模式并不是推翻现有的艺术咨询机构，本项研究探索的是如何形成一个科学合理的演艺智库运行机制，为当下的艺术咨询机构提供一定的参考。同时还需进一步关注如何打通不同壁垒，进行资源整合，研究国内现有艺术机构如何形成资源共享。艺术研究机构要充分发挥智库作用文化产业政策的引导与专项政策的需求，为艺术智库建设带来了契机。在推进艺术与金融业融合，在舆论引导、为行业协会与学会提供参考决策依据，提出具有独创性与高质量的观点与思想。提高艺术研究综合作战的能力，不仅将使得艺术研究在多角度、多方位上展开，亦能使艺术研究机构主动地联手面对越来越多元化，越来越丰富多彩的市场。演艺智库在中国才发端，未来的发展还有很长的路要走。

图表目录

参考文献

一、中文文献

(一)著作

[1] 徐家良. 中国社会智库发展报告(2018)(社会组织蓝皮书) [M]. 社会科学文献出版社,2018.

[2] [美]安德鲁·西雷. 如何运营成功的智库[M]. 四川人民出版社,2020.

[3] 中国国际经济交流中心. 中国智库经济观察(2018)[M]. 社会科学文献出版社,2019.

[4] 谢曙光. 中国蓝皮书发展报告(2020)(智库成果蓝皮书) [M]. 社会科学文献出版社,2020.

[5] 任晓. 第五种权力:论智库[M]. 北京大学出版社,2015.

[6] 陈振明. 公共生活的世界:哲学与公共事务研究[M]. 中国社会科学出版社,2020.

[7] [法]让-卢普·萨曼. 兰德公司(1989—2009):美国战略学知识的重构[M]. 南京大学出版社,2019.

［ 8 ］张晓明．中国文化发展研究报告（2017—2020)（文化蓝皮书)［M］．社会科学文献出版社，2020．

［ 9 ］王慧敏，王兴全，曹祎遐．上海文化创意产业发展报告（2017—2018)：文化创意与新消费（创意上海蓝皮书)［M］．社会科学文献出版社，2018．

［10］林凡军．演艺产业生态刍论［M］．山东人民出版社，2017．

［11］陈平．剧院运营管理——国家大剧院模式构建［M］．人民音乐出版社，2015．

［12］陈平．北京市剧院现状及发展对策研究——剧院行业报告［M］．中央音乐学院出版社，2018．

（二）期刊／论文

［ 1 ］王灵桂．奋力开创我院智库建设的新局面［N］．中国社会科学报，2021-05-18(002)．

［ 2 ］黄辉，邓银花．图书馆灰色文献资源库建设对策研究［J］．图书馆理论与实践，2021,（03）：126-130．

［ 3 ］胡海鹏，袁永，王子丹．我国高校建设高水平科技决策智库路径研究［J］．科技促进发展：1-8．

［ 4 ］赵晓，张笑楠．辽宁省科技创新智库建设存在的问题及对策研究［J］．中国管理信息化，2021,24(07)：199-201．

［ 5 ］刘如．美国智库针对重建全球经济的决策建议［J］．科技智囊，2021(03)：18-23．

［ 6 ］王惠．地方教育科研智库决策服务现状及对策分析——基

于长春市县(市)区教科所的问卷调查研究[J].长春教育学院学报,2021,37(01):10-16.

[7] 甄国红,杨宁.吉林省职教师资教育智库建设对策性研究[J].吉林工程技术师范学院学报,2021,37(01):50-52+74.

[8] 徐菱珞.高校教学资源库建设与应用中的问题及对策探讨[J].教师,2021,(02):78-79.

[9] 刘璐璐,吴薇.哪些因素影响了教育智库的影响力——基于全球43个教育智库的模糊集定性比较分析[J].中国高教研究,2021(03):69-74.

[10] 张梦晨,武音璇.论中国特色新型智库的国际影响力:历史、现状与未来[J].智库理论与实践,2021,6(02):15-23.

[11] 董双发,李子风,李志勇,卢辉雄,冯博.河北省创新型中国特色新型智库建设的对策研究[J].科技风,2020,(36):163-164.

[12] 姜天文,胡炜.中国科技决策智库体系建设的国外经验与对策建议[J].科学管理研究,2020,38(06):34-38.

[13] 颜为民,赵一娇.新媒体时代西部欠发达地区地方智库建设的思考与对策[J].中央民族大学学报(自然科学版),2020,29(04):73-79.

[14] 李明秋.加强大连市新型智库与决策咨询体制建设对策研究[J].长春理工大学学报(社会科学版),2020,33(06):39-42+47.

[15] 黄海波. 我国高校智库人才管理中的问题与对策[J]. 西部
经济管理论坛, 2019, 30(05): 87-92.

[16] 黄相怀, 杨磊, 洪荣福, 吴扬. 关于以新型智库建设推动晋
江高质量发展的建议[J]. 智库理论与实践, 2020, 5(05):
55-59.

[17] 迟艳杰. 应用型本科院校学前教育专业实践教学案例库
建设: 问题与对策[J]. 陕西学前师范学院学报, 2020, 36
(10): 14-21.

[18] 叶京, 陈梦玫. 新型智库发展趋势下智库人才队伍建设的
对策研究[J]. 社科纵横, 2020, 35(09): 119-123.

[19] 董明. 从国家社会科学基金立项项目看艺术学科发展现状
[J]. 民族艺术研究. 2010(05): 5-9, 15.

[20] 王宏源. 创新地方社科院新智库人才队伍建设的思考[J].
社会科学管理与评论, 2012(1): 58-63.

[21] 王宏宇, 刘莹. 策略 研究 实践: 以学术视角为智库献
策——"2019·哈尔滨·中俄音乐文化交流与合作"座谈
会述评[J]. 人民音乐, 2019(10): 38-40.

[22] 吴雅威, 张向先, 闫伟, 卢恒. 面向智库建设的智慧数据
服务模式研究[J/OL]. 情报理论与实践: 1-12[2021-
06-23]. https://kns-cnki-net.webvpn.zafu.edu.cn/kcms/
detail/11.1762.G3.20210223.1412.002.html

[23] 蒋满霖. 数字经济构建下的管理经济学案例库建设的问题
与对策[J]. 中国市场, 2020, (20): 188-189.

［24］ 左崇良.高校智库建设的困境、归因与对策［J］.黑龙江高
教研究,2020,38(07):39-43.

［25］ 任妍.基于文本分析的我国竞争情报学科人才培养现状及
对策研究［J］.情报杂志,2020,39(08):82-87.

［26］ 孙占峰.黑龙江高校新型智库提升成果转化能力的对策研
究——针对黑龙江省8家高校新型智库的调查分析［J］.
东北农业大学学报(社会科学版)2020,18(06):77-81.

［27］ 姜天文,胡炜.中国科技决策智库体系建设的国外经验与
对策建议［J］.科学管理研究,2020,38(06):34-38.

［28］ 张皓.高校教育管理智库建设的现状、问题及对策［J］.沈
阳大学学报(社会科学版),2020,22(03):351-355.

［29］ 杜石清,陈孝文,杜石生.“一带一路”背景下泉州高职院
校智库建设的路径与对策［J］.包头职业技术学院学报,
2020,21(02):36-39.

［30］ 祝凤云.高校图书馆智库建设研究［J］.梧州学院学报,
2020,30(03):46-51+85.

［31］ 宋悦华,朱帅.新型高校智库运行机制问题与对策［J］.黑
龙江教师发展学院学报,2020,39(06):29-31.

［32］ 黄海波.我国高校智库人才管理中的问题与对策［J］.西部
经济管理论坛,2019,30(05):87-92.

［33］ 李祯.政府治理体系建设中提升智库效能对策探讨［J］.发
展,2020,(04):33-36.

［34］ 樊春良.思想创新与智库国际化［J］.智库理论与实践,

2021,6(02):8-14.

[35] 卢伟,刘云飞.大数据导向下数字影视库建设及对策研究[J].电影文学,2020,(07):3-6.

[36] 夏婷.兰德公司运行机制研究及对我国科技智库建设的启示[J].今日科苑2021(02):16-23.

[37] 李平.关于研究机构向智库转型的思考与建议[J].科普研究,2021,16(01):11-13.

[38] 朱会,蒋倩雯,魏瑞斌.国内高校智库网站建设现状、问题及对策[J].大学图书情报学刊,2020,38(02):71-76.

[39] 徐国冲.寻找知识与行动的平衡:基于行动者网络的智库内涵式发展[J].南京社会科学2021(03):71-79.

[40] 郭丽军.保险专业硕士教学案例库建设问题及对策分析[J].上海保险,2020,(02):62-64.

[41] 吴童.推进福建省高校特色新型智库建设的发展对策研究——基于福建省"双一流"建设高校的实践[J].海峡科学,2020,(01):77-80+83.

[42] 咸鸣霞,曾维和.新型智库社科人才作用发挥的结构困境与对策探讨[J].情报科学,2020,38(01):87-92.

[43] 李永先,杨婷婷."三圈理论"视域下新型智库影响力提升策略研究[J].中国集体经济,2020,(01):82-83.

[44] 陈瑜.依附也精彩的英国政党智库[J].智库理论与实践2021,6(02):84-90.

[45] 蒋岩桦.哲学社会科学创新助力中国特色新型智库建设

［N］.中国社会科学报,2019-12-05（002）.

［46］ 龚晨.新时代党校新型智库建设质量的提升对策探析［J］.西藏发展论坛,2019,（06）:76-80.

［47］ 郑敏.高校图书馆参与智库体系建设的对策研究［J］.图书与情报,2019,（05）:89-92.

［48］ 刘璐璐,吴薇.哪些因素影响了教育智库的影响力——基于全球43个教育智库的模糊集定性比较分析［J］.中国高教研究2021（03）:69-74.

［49］ 马述智.舞台演出的产业链［J］.艺术评论,2007（05）:54-56

［50］ 王广振,曹晋彰.中国演艺产业发展反思与演艺产业链的构建［J］.东岳论丛,2013,34（04）:5-12.

［51］ 吴静,张凤,刘峰,刘昌新,朱永彬.基于新一代信息技术支撑智能化宏观决策的方法与实践［J］.数据与计算发展前沿,2021,3（02）:4-15.

［52］ 郭慧.徐州新型智库建设中的问题与对策研究［D］.中国矿业大学,2020.

［53］ 吴阿娟,王建明."智库"+"学科",双轮驱动舆情研究创新发展［N］.天津日报,2021-06-11（009）.

［54］ 任晓.美国智库正掉入政治化陷阱［N］.环球时报,2021-06-10（014）.

［55］ 李国强,李初.加快中国智库国际化建设是一项重要而紧迫的任务［J］.智库理论与实践,2021,6（02）:2-7+32.

［56］ 樊春良. 思想创新与智库国际化［J］. 智库理论与实践, 2021,6（02）: 8-14.

［57］ 张梦晨,武音璇. 论中国特色新型智库的国际影响力: 历史、现状与未来［J］. 智库理论与实践,2021,6（02）: 15-23.

［58］ 韩顺法,李向民. 中国特色文化艺术智库的使命与任务［N］. 中国社会科学报,2019-09-19（002）.

［59］ 王峥. 移动增强现实技术在现代博物馆当中的运用研究［J］. 南京艺术学院学报（美术与设计）2020（05）: 180-182.

［60］ 叶京,陈梦玫. 新型智库发展趋势下智库人才队伍建设的对策研究［J］. 社科纵横,2020,35（09）: 119-123.

［61］ 时名早,司明. 我国科技决策智库人才队伍建设的他国经验与对策建议［J］. 科学管理研究,2020,38（04）: 125-130.

［62］ 李晓倩. 日本智库关于中国构建新发展格局的跟踪研究［J］. 国外理论动态2021（02）: 105-112.

［63］ 朱会,蒋倩雯,魏瑞斌. 国内高校智库网站建设现状、问题及对策［J］. 大学图书情报学刊2020,38（02）: 71-76.

［64］ 张皓. 高校教育管理智库建设的现状、问题及对策［J］. 沈阳大学学报（社会科学版）2020,22（03）: 351-355.

［65］ 李祯. 政府治理体系建设中提升智库效能对策探讨［J］. 发展,2020（04）: 33-36.

［66］ 吕旭宁,肖尤丹. 多理论视角下的科技智库管理和运行机制研究［J］. 科技管理研究2021,41（08）: 28-34.

［67］ 卢伟,刘云飞. 大数据导向下数字影视库建设及对策研究

［J］.电影文学,2020（07）:3-6.

［68］中国电影评论学会会长饶曙光:理论批评要成为电影强国建设的智库智囊［N］.中国电影报,2020-12-16（002）.

［69］吴田.探索高校智库公共形象塑造之路［N］.中国社会科学报2017-12-21（002）.

［70］钱伯皓.浅谈文创企业的内容平台化支撑——以西泠印社产业为例［J］.杭州（周刊）,2018（38）:46-47.

［71］颜为民,赵一娇.新媒体时代西部欠发达地区地方智库建设的思考与对策［J］.中央民族大学学报（自然科学版）2020,29（04）:73-79.

［72］李明秋.加强大连市新型智库与决策咨询体制建设对策研究［J］.长春理工大学学报（社会科学版）2020,33（06）:39-42+47.

［73］章丽姗.党校图书馆服务智库建设的对策研究［J］.领导科学论坛,2020（21）:56-59+78.

［74］黄相怀,杨磊,洪荣福,吴扬.关于以新型智库建设推动晋江高质量发展的建议［J］.智库理论与实践,2020,5（05）:55-59.

［75］张春花,孙玉玲.斯德哥尔摩环境研究所组织管理模式及研究发展机制分析［J］.智库理论与实践,2021,6（02）:91-100.

［76］叶京,陈梦玫.新型智库发展趋势下智库人才队伍建设的对策研究［J］.社科纵横,2020,35（09）:119-123.

［77］薛诗怡.未来演艺智库多模式运作的可能性探索［J］.演艺科技,2020(08):73-76.

［78］时名早,司明.我国科技决策智库人才队伍建设的他国经验与对策建议［J］.科学管理研究,2020,38(04):125-130.

［79］李竹.艺术院校智库建设的路径思考——以四川美术学院为例［J］.福建茶叶2019,41(12):78-79.

［80］李永先,杨婷婷."三圈理论"视域下新型智库影响力提升策略研究［J］.中国集体经济2020(01):82-83.

［81］陈纯真.发挥智库咨政职能 服务国家文化发展［N］.中国社会科学报2020-01-02(002).

［82］范丽甍.新时代中国特色艺术智库建设之总体思考［J］.艺术百家2019,35(04):70-75.

［83］马晓超.建构"中国电影学派"建设中国特色国家电影智库——暨《中国电影批评年鉴·2016》出版研讨会综述［J］.当代电影2018(03):170-171.

［84］周建中,刘杨,刘春杰.我国智库人才队伍特征定量分析与研究［J/OL］.科技促进发展:1-14［2021-06-14］.https://kns-cnki-net.webvpn.zafu.edu.cn/kcms/detail/11.5286.G3.20210428.1059.031.html

［85］朱会,蒋倩雯,魏瑞斌.国内高校智库网站建设现状、问题及对策［J］.大学图书情报学刊,2020,38(02):71-76.

［86］韩顺法,苏佳.中国文化艺术类企业智库的发展特征及提升策略［J］.智库理论与实践,2020,5(01):28-34+42.

［87］邹克瑾. 应用型高校艺术设计教育助推地方文化产业发展
　　　［J］. 长春教育学院学报,2019,35(08):8-10.

［88］范丽霓. 新时代中国特色艺术智库建设之总体思考［J］. 艺
　　　术百家,2019,35(04):70-75.

［89］韩顺法,李向民. 以智库建设推动国家文化治理现代化
　　　［J］. 中国国情国力,2019(04):44-47.

［90］王春法. 打造新时代博物馆新型智库 推动博物馆高质量发
　　　展［J］. 博物馆管理,2019(01):8-15.

［91］孙淮滨. 进一步发挥智库作用为行业发展提供有力支撑
　　　［J］. 纺织服装周刊,2019(01):20.

［92］王志民. 稷下学宫与当代智库建设［J］. 智库理论与实践,
　　　2018,3(06):1-6+11.

［93］吴玉灵. 行业智库建设及其社会服务研究——以陶瓷行业
　　　智库为例［J］. 智库理论与实践,2018,3(04):52-58.

［94］杨志. 融入社会创新的文创设计可持续发展机制研究
　　　［D］. 中国美术学院,2018.

［95］马晓超. 建构"中国电影学派"建设中国特色国家电影智
　　　库——暨《中国电影批评年鉴·2016》出版研讨会综述
　　　［J］. 当代电影,2018(03):170-171.

［96］专家把脉《中国演艺装备科技蓝皮书》——《中国演艺装
　　　备科技蓝皮书》暨"文化艺术智库"企业联系点工作座谈
　　　会在京召开［J］. 演艺科技,2018(02):59.

［97］宋圭武. 中国智库建设若干问题思考［J］. 社科纵横,2017,

32（10）：32-34.

［98］咸鸣霞,曾维和. 新型智库社科人才作用发挥的结构困境
与对策探讨［J］. 情报科学,2020,38（01）：87-92.

［99］金碚. 思想流动是智库的重要功能［N］. 河南日报,2021-
04-29（007）.

［100］董双发,李子凤,李志勇,卢辉雄,冯博. 河北省创新型
中国特色新型智库建设的对策研究［J］. 科技风,2020
（36）：163-164.

［101］《中国咨询业发展蓝皮书》课题组. 咨询业发展九大趋势
［J］. 企业管理,2021（05）：54-59.

［102］宋兹鹏,陈柳钦. 打造高端智库 助力产业落地［J］. 中国
商界,2021（06）：78-81.

［103］赵伟,谢芸芸. 文化艺术事业发展的"智库"［N］. 中山日
报 2007-04-27（A03）.

［104］陈岚,吴浩,魏冯. "智媒+"赋能新发展［N］. 四川日报,
2021-06-04（005）.

［105］宋悦华,朱帅. 新型高校智库运行机制问题与对策［J］.
黑龙江教师发展学院学报,2020,39（06）：29-31.

［106］王琳. 我国知识城市构建过程中的智库建设研究［D］.
西南大学 2012.

［107］朱会,蒋倩雯,魏瑞斌. 国内高校智库网站建设现状、问题
及对策［J］. 大学图书情报学刊,2020,38（02）：71-76.

［108］谢桃香,周永胜. 高职院校共享型教学资源库建设的问题

与对策［J］.数码世界,2020(03):128.

［109］李国强,李初.加快中国智库国际化建设是一项重要而紧迫的任务［J］.智库理论与实践,2021,6(02):2-7+32.

［110］咸鸣霞,曾维和.新型智库社科人才作用发挥的结构困境与对策探讨［J］.情报科学,2020,38(01):87-92.

［111］李永先,杨婷婷.“三圈理论”视域下新型智库影响力提升策略研究［J］.中国集体经济,2020(01):82-83.

［112］龚晨.新时代党校新型智库建设质量的提升对策探析［J］.西藏发展论坛,2019(06):76-80.

［113］郑敏.高校图书馆参与智库体系建设的对策研究［J］.图书与情报,2019(05):89-92.

［114］缪桂根,蔡丽玲.职业教育专业教学资源库建设与应用对策研究［J］.物流工程与管理,2019,41(10):191-192.

［115］张会杰.当代中国青年诚信建设的现状、问题及对策［J］.青少年研究与实践,2019,34(04):96-102.

［116］于梦月,申静.利益相关者视角下的党政智库知识服务能力评价指标体系研究［J/OL］.情报理论与实践:1-11［2021-06-14］.https://kns-cnki-net.webvpn.zafu.edu.cn/kcms/detail/11.1762.G3.20210524.1348.002.html

［117］吴艳东,米倩倩.智库的软实力之维［J/OL］.文化软实力研究,2021(01):5-14［2021-06-14］.https://doi.org/10.19468/j.cnki.2096-1987.2021.01.001

［118］杨阳.基于信息共享视角的智库服务效能提升路径研究

［J］. 科技经济导刊, 2021, 29 (14): 41-42.

［119］陈明琨. 中国特色新型智库建设的理与路［J］. 决策探索
(上) 2021 (05): 60-61.

［120］程亚文. 民族复兴对智库建设提出新要求［N］. 环球时
报, 2021-05-07 (015).

［121］胡海鹏, 袁永, 王子丹. 我国高校建设高水平科技决策
智库路径研究［J/OL］. 科技促进发展: 1-8［2021-06-
14］. https://kns-cnki-net.webvpn.zafu.edu.cn/kcms/
detail/11.5286.g3.20210429.0900.006.html

二、外文文献

(一) 著作

［1］Alexander Styhre, perception and Organization Art, Music,
Medi, palgrave Macmillan, 2008.

［2］Stagestruck Clay, Stagestruck: The Business of Theater in
Eighteenth-Century France and Its Colonies.1ed. Cornell
University Press, 2013.

［3］Andrea Glauser, patricia Holder Thomas Mazzurana, Olivier
Moeschler Valérie Rolle, Franz Schultheis, The Sociology of
Arts and Markets New Developments and Persistent Patterns,
University of Sheffield, UK, 2020.

［4］Joanne Scheff Bernstein, Philip Kotler, Standing Room
Only: Strategies for Marketing the Performing Arts, Harvard

Business Review Press, 1997.

[5] Alessia Zorloni, The Economics of Contemporary Art Markets, Strategies, and Stardom, Springer International Publishing Switzerland 2013.

[6] Vincenzo Morabito, Big Data and Analytics Strategic and Organizational Impacts, Springer International Publishing Switzerland, 2015.

[7] Nobuko Anan Contemporary Japanese Women's Theatre and Visual Arts, palgrave Macmillan, 2016.

[8] José María Cavanilas, Edward Curry, Wolfgang Wahster, New Horizons for a Data-Driven Economy A Roadmap for Usage and Exploitation of Big Data in Europe, Springer International Publishing AG Switzerland, 2016.

[9] Jens E. Kjeldsen, Rhetoric, Politics and Society, s Palgrave Macmillanimprint, 2018.

[10] Ian W. King, Annick Schr amme, Cultural Governance in a Context. An International Perspective on Art Organizations, This Palgrave Macmillanimprint, 2019.

[11] Meliha Handzic, Daniela Carlucci, Knowledge Management, Arts, and Humanities Interdisciplinary Approaches and the Benefits of Collaboration, Springer Nature Switzerland AG 2019.

（二）论文

［ 1 ］ Margarida Rodrigues and Mário Frnco, Measuring the Performance in Creative Cities: Proposal of a Multidimensional Model CEFAGE-UBI Research Center, Department of Management and Economics, University of BeiraIn terior, Sustainability, 2018, 10, 4023.

［ 2 ］ New Report Released on the Economic Impact of the Arts and Cultural Sector https://www.arts.gov/about/news/2021/new-report-released-economic-impact-arts-and-culturalsector 2019 Data Analyzed by National Endowment for the Arts and Bureau of Economic Analysis Shows Sector Growth Before Pandemic Mar 30, 2021.

［ 3 ］ Stephen B. Preece. The Performing arts value chain: A framework for evaluating unique partnersips, http://www.vault.com/industries-professions/industries/theater. aspx.

［ 4 ］ Taylor & Francis, Interpersonal and interorganizational networks in the performing arts: The case of project-baorganisationsions in the live music industry SR Sedita-Industry and Innovation, 2008.

［ 5 ］ Elizabeth More, Shane Carroll, Kay Foss, Knowledge management and the performing arts industry: Thecas Australia & Apos's PossSCOPE initiative, Asia Pacific Journal of Business Administration.

［ 6 ］ Chun Liang Chen, Cultural product innovation strategies adopted by the performing arts industry Review of Managerial Science (2020).

[7] Silvia R. Sedita, Interpersonal and Interorganizational Networks in the Performing Arts: The Case of Project-Based Organizations in the Live Music Industry Department of Economics and Management, Padua University, Padua, Italy 2008.

[8] Ben Haman Omar. The Moroccan education system dilemma of language and think-tanks: the challenges of social development for the North African country[J]. The Journal of North African Studies 2021, 26(4).

[9] Guber Deborah Lynn Bohr Jeremiah Dunlap Riley E. Time to Wake Up: Climate change advocacy in a polarized Congress 1996-2015[J]. Environmental Politics 2021, 30(4).

[10] KATTAR CHLOE. THE LEBANESE STUDY COMMITTEE: A CHRISTIAN THINK TANK IN WARTIME LEBANON (1975-1982)[J]. The Historical Journal202164(3).

[11] Ronquillo Charlene Esteban Peltonen Laura Maria Pruinelli Lisiane Chu Charlene H. Bakken Suzanne Beduschi Ana Cato Kenrick Hardiker Nicholas Junger Alain Michalowski Martin Nyrup Rune Rahimi Samira Reed Donald Nigel Salakoski Tapio Salanterä Sanna Walton Nancy Weber Patrick Wiegand Thomas Topaz Maxim. Artificial intelligence in nursing: Priorities and

opportunities from an international invitational think-tank of the Nursing and Artificial Intelligence Leadership Collaborative. [J]. Journal of advanced nursing 2021.

[12] Barry C. Field. Absolute Essentials of Environmental Economics[M]. Taylor and Francis: 2021-05-18.

[13] Pam Chamberlain Matthew N. Lyons Abby Scher Spencer Sunshine. Exposing the Right and Fighting for Democracy: Celebrating Chip Berlet as Journalist and Scholar[M]. Taylor and Francis: 2021-05-10.

[14] Dorren Lars Van Dooren Wouter. Chameleonic knowledge: a study of ex ante analysis in large infrastructure policy processes[J]. Policy Sciences 2021, 54(2).

[15] Gorden Moyo. African Agency Finance and Developmental States[M].2021-05-06.

[16] Mandy Mayfield. Need for Speed: SOFWERX Zeros In on Rapid Acquisition[J]. National Defense, 2021,105(810).

[17] Jason Cowley. Football's forgotten fans hybrid Conservatism and why Labour keeps missing the bigger picture[J]. New Statesman, 2021, 150(5617).

[18] Barry C. Field. Absolute Essentials of Environmental Economics[M]. Taylor and Francis: 2021-05-18.

[19] Sommer Sheryl KJohnson Janean D. Clark Cynthia MMills Christine M. Assisting Learners to Understand and Incorporate

Functions of Clinical Judgment Into Nursing Practice.[J]. Nurse educator 2021.

[20] Peter Fabris. Think tank offers plan for new approach to reduce neighborhood poverty[J]. Building Design & Construction 2021.

[21] Jingjing Jian. Research on The Path of Party Building Think Tank Construction in Colleges and Universities Based On "Learning Power"[J]. International Journal of Higher Education Teaching Theory 2021, 2(1).

[22] Mahase Elisabeth. NHS and social care need an extra £12bn to get back on track after pandemic says think tank.[J]. BMJ (Clinical researched.) 2021, 372.

[23] Donald E. AbelsonChristopher J. Rastrick. Handbook on Think Tanks in Public Policy[M]. Edward Elgar Publishing: 2021-03-16.

[24] Guber Deborah LynnBohr Jeremiah Dunlap Riley E. Time to Wake Up: Climate change advocacy in a polarized Congress 1996-2015[J]. Environmental Politics 2021, 30(4).

附件一："中国演艺智库构建与运营模式创新研究"课题调研问卷

尊敬的先生 | 女士：

本项研究是上海超级博士后人才计划的资助项目，谢谢您抽出宝贵的时间接受本次调研！调研结果将对未来演艺智库建设提供一定的参考依据，没有对错之分，您只要客观、真实地回答下列问题即可。

再次感谢您的帮助与支持！

课题组
2020.03.16

第一部分：智库建设行业市场环境调查（请在合适的"□"内打√）

表格说明：问卷内容由中国演艺智库建设环境因素；业界对中国演艺智库需求；艺术智库发展现状；演艺智库提供产品现状与演艺智库的支撑体系。重要程度："1" = 非常不重要，"2" = 不重要，"3" = 一般，"4" = 重要，"5" = 非常重要；实际感受："1" = 非常不好，"2" = 不好，"3" = 一般，"4" = 好，"5" = 非常好

（一）中国演艺智库建设环境	（低）重要程度（高）					（差）实际感受（好）				
	1	2	3	4	5	1	2	3	4	5
1. 演艺智库建设的政策环境	□	□	□	□	□	□	□	□	□	□
2. 演艺智库建设的经济环境	□	□	□	□	□	□	□	□	□	□
3. 演艺智库建设的社会文化环境	□	□	□	□	□	□	□	□	□	□

278

（续表）

（二）业界对中国演艺智库需求	（低）重要程度（高）					（差）实际感受（好）				
	1	2	3	4	5	1	2	3	4	5
1. 演艺智库现有用户需求量	□	□	□	□	□	□	□	□	□	□
2. 演艺智库潜在用户需求量	□	□	□	□	□	□	□	□	□	□
3. 演艺智库有广阔的发展前景	□	□	□	□	□	□	□	□	□	□
（三）演艺智库发展路径	（低）重要程度（高）					（差）实际感受（好）				
	1	2	3	4	5	1	2	3	4	5
1. 艺术研究机构更多参与政策制定	□	□	□	□	□	□	□	□	□	□
2. 为演艺机构提供业务咨询	□	□	□	□	□	□	□	□	□	□
3. 演艺行业协会发挥更多智库职能	□	□	□	□	□	□	□	□	□	□
4. 整合演艺行业资源	□	□	□	□	□	□	□	□	□	□
5. 吸纳多元化的智库人才	□	□	□	□	□	□	□	□	□	□
6. 政府给予演艺智库更多发展空间	□	□	□	□	□	□	□	□	□	□
7. 高校培养演艺管理及科研人才	□	□	□	□	□	□	□	□	□	□
8. 定期举行行业论坛,发布行业报告	□	□	□	□	□	□	□	□	□	□
9. 演艺智库的市场化运营模式	□	□	□	□	□	□	□	□	□	□
10. 制定衡量智库的标准:出版物、内参、媒体引用、网络点击量等	□	□	□	□	□	□	□	□	□	□

（续表）

（四）演艺智库提供产品现状	（低）重要程度（高）					（差）实际感受（好）				
	1	2	3	4	5	1	2	3	4	5
1. 智库产品科学性	□	□	□	□	□	□	□	□	□	□
2. 智库产品创新性	□	□	□	□	□	□	□	□	□	□
3. 智库产品时效性	□	□	□	□	□	□	□	□	□	□
4. 智库产品转化的经济社会效益	□	□	□	□	□	□	□	□	□	□
5. 智库产品转化综合投入与效益性价比	□	□	□	□	□	□	□	□	□	□
6. 智库产品的政策影响力	□	□	□	□	□	□	□	□	□	□
7. 智库产品的学术影响力	□	□	□	□	□	□	□	□	□	□
8. 智库产品的社会影响力	□	□	□	□	□	□	□	□	□	□
9. 智库产品国际影响力	□	□	□	□	□	□	□	□	□	□
（五）演艺智库的支撑体系	（低）重要程度（高）					（差）实际感受（好）				
	1	2	3	4	5	1	2	3	4	5
1. 资金资助	□	□	□	□	□	□	□	□	□	□
2. 提供配套硬件	□	□	□	□	□	□	□	□	□	□
3. 数据支撑	□	□	□	□	□	□	□	□	□	□
4. 相关政策支持	□	□	□	□	□	□	□	□	□	□
5. 发展立体化演艺智库生态	□	□	□	□	□	□	□	□	□	□
6. 经营和打造智库品牌	□	□	□	□	□	□	□	□	□	□
7. 智库的专家资源	□	□	□	□	□	□	□	□	□	□

附件一:"中国演艺智库构建与运营模式创新研究"课题调研问卷

（续表）

您对演艺智库建设的意见与建议

第二部分:您的基本信息（请在相应的选项上打"√"）

1. 您的性别：　　A. 男□　　　　　B. 女□
2. 您的年龄：　　A. 65 岁以上□　　B. 50-64 □　　C. 35-49 □　　D. 20-34 □
　　　　　　　　E. 19 岁以下□
3. 您的文化程度：A. 大专□　　　　B. 本科□　　C. 硕士□　　　D. 博士□
4. 您的职业：　　A. 公务员□　　　B. 专业研究人员□　　　　C. 教师□
　　　　　　　　D. 文化艺术行业从业者□　　　E. 学生□　　F. 其他

再次对您的支持表示感谢,祝您健康快乐、工作顺利!

第二部分:您的基本信息（请在相应的选项上打"√"）

1. 您的性别：　　A. 男□　　　　　B. 女□
2. 您的年龄：　　A. 65 岁以上□　　B. 50-64 □　　C. 35-49 □　　D. 20-34 □
　　　　　　　　E. 19 岁以下□
3. 您的文化程度：A. 大专□　　　　B. 本科□　　C. 硕士□　　　D. 博士□
4. 您的职业：　　A. 公务员□　　　B. 专业研究人员□　　　　C. 教师□
　　　　　　　　D. 文化艺术行业从业者□　　　E. 学生□　　F. 其他

再次对您的支持表示感谢,祝您健康快乐、工作顺利!

附件二："中国演艺智库构建与运营模式创新研究"课题调研访谈提纲

尊敬的先生 | 女士：

谢谢您抽出宝贵的时间接受本次调研！调研结果将对未来演艺智库有一定的参考依据，没有对错之分，您只要客观、真实回答下列问题即可。再次感谢您的帮助与支持！

课题组

2021/6

1. 您所知道国内外现在具有智库功能的艺术研究机构有哪些？艺术研究机构与专业智库的关联与差异何在？

2. 智库的四种类型：党政军智库，社科院智库，高校智库、民间智库，您认为贵单位作为演艺智库的性质是哪一类？

3. 在咨询决策中所做过哪些相关工作？

4. 您认为现在演艺智库在演艺行业咨询中扮演什么样的角色，具有哪些功能？

5. 您认为目前国内的演艺智库需要哪些方面的改进？

6. 现在贵单位的发展趋势有哪些?

7. 您认为目前什么样的机构可以承担起演艺智库的作用吗?

8. 您所理解的演艺智库的产品应该有哪些?

9. 您对未来的演艺智库有哪些设想?

10. 您认为从事演艺智库的人才需具备哪些素质?

11. 在当前背景下,演艺产业已经不同于以往,已发生了质的飞跃,贵单位面临这一情况应该如何应对?

附件三：国外高校未来演艺智库人才培养基地

艺术院校	硕士	专 业 简 介
Tisch（纽约）	两年制	现在是美国领先的表演艺术研究中心之一。有3 000多名本科生和约1 000名研究生除了知名的银幕演员之外，Tisch还培养了大量音乐人才、百老汇明星。设有艺术博士学位点。
耶鲁大学戏剧学院	三年制	案例研究，耶鲁话剧团管理的专业。
澳大利亚国立戏剧艺术学院	一年半制	澳大利亚最大的戏剧学校，为美国和英国带来了大量优秀的演员。从事戏剧、电影和电视培训工作。有文化领导力、导演、表演设计、声音艺术等艺术硕士项目。
俄罗斯国立彼得堡戏剧学院	两年制	成立于1779年，硕士课程分为剧本写作及专门为外国学生开设的剧目制作课程，主要以俄罗斯当代舞台创作方法为指导，让学生更深入理解俄罗斯文化。
韦恩州立大学	三年制	三年的MFA课程中，学生将参与WSU三个剧院的管理，并可选择在第三年教授戏剧管理本科课程，大多数学生进入中级管理层。

（续表）

艺术院校	硕士	专 业 简 介
威斯康星大学麦迪逊分校	两年制	成立于 1969 年，是艺术管理方面最早能拿到商业学位的专业之一。这个为期两年的课程将专业实践与商业思维相结合，并强调与 MBA 同学的密切互动。
辛辛那提大学音乐学院	两年制	商业培训，结合实践经验，在艺术组织的实际环境中使学生发挥决策技能。
阿拉巴马大学	两年制	学生在校园学习 9 个月，在蒙哥马利的阿拉巴马州莎士比亚戏剧节学习 15 个月。
南犹他大学	两年制	与犹他州莎士比亚戏剧节，布雷斯韦特美术馆和表演和视觉艺术学院的艺术管理专业人士一起工作，每个学生都能申请到助学金。
哥伦比亚学院（芝加哥）	三年制	侧重于文化企业的非营利和盈利方面，并提供专门从事表演艺术管理的机会。
卡内基梅隆大学艺术学院	两年制	致力于丰富各种艺术实践和跨学科发展，鼓励前瞻性思维；并探索新形式的创意表达。鼓励学生在舞台，电影、电视还是新媒体领域，成为所学专业的领导者。